經歷生命的突破

一個基督徒的信仰見證

劉千瑤 著

與神同工的寫作目的

2009 年，在生命中最困難的時候，我認識耶穌、相信耶穌、信靠耶穌，並將生命交給耶穌來掌管，這是我的生命中最正確的決定。我的生命開始經歷一連串的變化，這是聖靈內駐後，所引發的不斷地改變，因為經歷神的同在，漸漸地能夠聽見神的話語，也能見異象、作異夢、發預言，領受神所賜的恩賜。我原本只是很開心得到這些禮物，一開始也並不知道如何使用恩賜。2018 年～ 2022 年對我來說，改變後的生命有了突破性的發展。就在 2017 年 6 月 26 日經歷一個生死交關的離奇迷航之後，開始為耶穌寫基督徒的信仰見證。

我為什麼總是說，三本為主作見證的書，是與主一起合作完成的，是因為寫作主題是神所給的，主題往往在先前許久就出現了。這和我平時寫完一篇文章，才為主題命名的習慣明顯不同。2019 年出版的《經歷生命的奇蹟》，在同一日接連出現幾個主題，2018 年 3 月 13 日「我所理解的基督信仰」、「見證生命的奇蹟」、「我的屬靈經驗」。3 月 18 日「抓住神的應許」、「生命中奇妙的轉彎」。3 月 22 日「神的呼召與使命」、「耶穌是一位怎樣的神？」3 月 24 日「疾病教我們的功課」、「苦難中看見恩典」、「生命的拼圖」。

2021 年出版的《經歷生命的道路》，則是在不同的時間，開始慢慢地逐漸出現主題，2020 年 6 月 3 日「生命中的意外」，6 月 8 日「分辨生命中的謬誤」，7 月 5 日「沮喪的泥沼」，7 月 14 日「聽見神的聲音」，7 月 25 日「生命考驗營」，7 月 28 日「末世的警鐘」，9 月 11 日「富足的窮人與貧乏的富人」，10 月 17 日「善終」，2021 年 1 月 2 日「家與家人」，2 月 11 日「生命中最重要的一件事」。

　　2022 年出版的《經歷生命的突破》，2021 年 12 月 21 日當日開始連續出現幾個主題，「尋求生命的突破」、「四度空間的靈界」、「基督徒的信仰生活」，之後再分別出現主題，12 月 27 日「詐騙橫行的世代」，12 月 30 日「奇妙的耶穌」，2022 年 1 月 12 日「隧道口的亮光」、「生命像一首歌」，3 月 2 日「面對屬靈爭戰」，3 月 12 日「合神心意的器皿」，3 月 29 日「當滅亡來到家門前」。主給予主題的時間並不一定，有時出現很快，有時需要等候。

　　當我記下「當滅亡來到家門前」主題時，我忍不住詢問主，「災難」來到家門前就已經很可怕了，「滅亡」是不是太聳動了點？但是等我寫完之後，完全臣服，沒有比「滅亡」更合適的形容了。盼望讀者在看完它時，會有不同的體悟。「神的話」絕對不是「神話」，而是真實會發生的事，凡有耳的都應當應，才不會在日後懊悔不已。

　　2019 年《經歷生命的奇蹟》，2021 年《經歷生命的道

路》，2022 年《經歷生命的突破》陸續出版。我像一位多產的婦女，接連產出幾本書來，我知道這是神使用我的方式，這是執行命定任務的開始，神使用我對文字使用的喜好，喜愛記錄文字的習慣，在與主的同工下，開啟了服事的道路。2021 年 12 月 21 日當神要我寫《經歷生命的突破》時，當日便出現了幾個主題，我無法預料神給予事工的順序，總是要翻閱筆記（有標註日期）才能知道，原來主在先前已有提醒，這是一個計畫，神早已做好了安排。而主只在我該明白的時候才讓我明白，祂不會在事前就將一切都告知我，因此我本分地只做神差遣我的事，不做神未差遣的事。神是我的頭，我是祂的身體，一切聽從神的指示而行，不走在神的前面，也不落在後面，就是緊緊跟隨神的腳蹤行。而我的人生，因為這樣而變得十分簡單，「知所為，知所不為」，因為需要做的，神會主動告訴我，而祂會預備一切，包括場合和人力（同工）。

在本書中會提及我與主同工的過程，聖靈是幫助者，在有需要時，聖靈適時介入，而一切必定安然度過。我在一次又一次的經歷中，堅固了信心，不再恐懼、膽怯，而能領受與主同工的美好。

2021 年 10 月 21 日作了一個異夢，夢見自己去傳統市場買東西。本來沒有特定要買些什麼，但被一個聲音吸引了，是裝在竹簍裡的生物，牠竟然會唱歌（發出聲音），

我好奇的要老闆讓我看一看，是誰在唱歌？老闆拿給我看，是三條黑黑的、滑溜溜的生物，他也不能確定那是什麼。他說：「那不然買你認識的魚，帶回去就可以煮來吃。」我選了自己認識的魚種「赤鯮」。沒想到，我的雙手立刻捧著一條大到匪夷所思的大魚，心裡想著：「這要給多少人吃啊？！」這條魚「售價九萬」非常昂貴，我捧著大魚不知所措，夢就醒了。夢醒的直覺是：「得人如得魚」。因此猜想這條大魚，莫非是指什麼人？最後我還是忍不住好奇的求問神，這條大魚指的是誰？第二天清晨神回覆我：「那條大魚不是人，而是祝福。」我馬上領悟了這個異夢的含意：「魚的昂貴代表珍貴，魚的身體龐大表示可以分給很多人。」原來神是要我將祝福分享給很多人，我稱它為：「五餅二魚的祝福」。

「五餅二魚」是耶穌行的神蹟，祂將五個餅、兩條魚，向天祝謝、擘開，然後分給在場五千多人吃飽，還收拾了12籃的零碎。能夠擘開還有、擘開還有，因為那是「神的手」能夠使無變有，神是供應者，不但令人飽足還有剩餘。耶穌教導我們分享，而不是獨享那條大魚。而神的祝福就像那條大魚，透過分享，能夠分給很多的人。之後只要有機會，我便會在公開場合，將神所賜的祝福，分享給在場的每一位，只要願意領受，就能得到神賜下的祝福。

2021年6月27日，我在清晨醒來時，看見一個異象，

我走在隧道裡，不久後便看見隧道口的亮光，令我雀躍不已！黑暗中的亮光，是指引人往光明的方向前行，那是使人有無限希望的亮光，對於走在漆黑的隧道裡，見到光亮就表示自己終於走出來了！心中自然是十分欣喜，是苦盡甘來的喜悅！異象不是察看目前發生的事，而是將來才會發生的事，異象往往是對於未來的驚鴻一瞥。

2022 年 1 月 13 日神說：「從失去盼望的人開始救起！」神的話語是明確的指示。1 月 16 日神說：「神的大能是超越時間、空間的存在！」神明確知道我心中的疑惑。我是一個會將神給的話語記在心中、反覆思考的人，也會反覆求問神的旨意，確定我沒有弄錯神的意思，所以連續出現的話語往往指的是同一件事。不否認自己也好奇，神因何會揀選我這樣軟弱又膽小的人，來執行祂的使命，祂的應許總是又大又廣，令我有些不知如何招架！雖然我知道「靠著神加給我的力量，凡事都能做」，因為祂是超越時空，掌管一切的神，但我仍是一個小信（信心小）的人，有時不免會疑惑自己真的能做到，不負使命？我的事奉已經開啟，只要是神明確的指示，我都會努力去做。我也相信神與我同在，祂必然會裝備我並供應一切所需。

在《聖經》中，先知是為神說話、傳講神真道的人，希臘文可譯為「直言者」或「倡導者」，由於先知的屬靈洞察力，或預見未來的能力，因此也被稱為「先見」。先

知擁有向人忠實地傳講神真道的任務，先知最重要在於為神說出神要說的話來，雖然有時也說預言，但說預言是次要的。人並不能預知未來，因此先知的預言是來自神，必定是有某些需要時，才會有預言。人本身並沒有任何能力，能為神佈達訊息，是在靈裡比較敏銳，能夠聽見神的聲音（意念），能在靈裡與神交通的人。神用神的方式和人溝通，說預言、見異象、作異夢，是神使用比較具體的方式，傳達祂的某些意念，讓接收的人比較容易知道神所給的訊息，但是人本身一定會知道，這些並不是源自他自己。靈覺比較敏銳的人，能夠分辨究竟是來自靈（人的靈、天使的靈、神的靈）或是來自魂（本身的大腦），我自己本身的感受正是這樣。

曾經有一段時間，我的內心裡經常有兩個聲音吵個不停，一個聲音來自邪靈、一個聲音來自我自己。當聖靈進入之後，邪靈被驅逐出去，交由聖靈掌管，心思意念就合一了，再也沒有兩個聲音。在那之後不久，獲得屬靈恩賜，這是神給我的禮物，我很珍惜也謹慎使用。來自正確的來源，不做不正確的事，否則為主作工的人，就是在褻瀆神了。神將恩賜賦予人，是為了神的事工上的需要，並不是要彰顯個人的不同，人並沒有不同，只是有了神同在的確據，能力是出自於神而非人個人。

我有將自己覺得重要的、有感觸的、有興趣的東西記

下來的習慣，也會記錄搜集來的資料，這些有時會成為日後寫作的材料。我總是等候神給主題再提筆寫作，主題往往都是清晨一早進來的意念，我就趕快抄下來，就能知道主要我做些什麼了。我在寫作的過程中，有神的引導在其中，神會提醒要補充哪些，哪些又該刪去，這回特別加註日期，也是神的提醒，為了證實這是神真真確確對我說過的話，也為了證明確有其事。許多人對我的見證感到匪夷所思，三度空間的人確實難以明確了解四度空間的靈。我必須再一次強調，見證上所有的事，都是「事實！事實！事實！」這是神介入我的生命中的真實經歷，我是因此才得以親身見證，神在我生命中的作為。

我的人生沒特別不同，我所經歷的事，都是一般人也會經歷的事，只是我的生命中有神參與其中。神使用我的親身經歷為祂作見證，祂是一位又真又活的神。這回書寫比較特別的地方，是神說了很多的話，相信這些話語，不只是給我個人，也是給所有的人。神一直都是說話的神，平日對我說話，在我寫作期間就會說得更頻繁，而這些話語（意念）往往是在天方亮的時候，我稱為「神的時間」進入我的腦海中，而我會努力起身，將這些話語記在筆記本上。

2021 年 12 月 6 日神說：「人不相信有靈，如何相信有神？」我總是將神的話放在心上，並且循著神給的線索，

去探尋神話語的用意。我從許多訊息中，了解四度空間的靈界，和人所處的三度空間有何不同。神使用我與靈界打交道的許多經驗，在回想時歷歷如新，因此成為《經歷生命的突破》這本書很重要的主軸。我以自己的親身經歷告訴世人，靈界是真實存在，而且經常介入我們的生命中，並參與我們生命中的很多事情。邪靈會攪擾我們，聖靈會幫助我們。我的身體裡曾經分別有邪靈內駐和聖靈內駐過，那完全截然不同。邪靈幾乎要了我的命，而聖靈拯救了我，並且在聖靈內駐之後，再也不受邪靈的攪擾。

　　基督教信仰三位一體的神，聖父、聖子、聖靈是完全合一的狀態，就如同人是身、心、靈所組合而成，我們並不覺得自己是三個人，而是一個人。神是個靈，是超越時間、空間的存在，因為天地萬物是祂所造，祂離我們其實不遠。四度空間（靈界）一直包覆著三度空間（物質界），而四度空間的靈界也確實影響著三度空間的物質界，所以神一再提醒：「人要試著看淡一切，看淡輸贏、看淡成敗、看淡得失，在神的眼光，看的和人不一樣，屬世界的成功並不是真正的成功！屬世的成功得到世界，屬神的成功得到神。」物質界的一切，在人離開這個世界之時，絲毫不能帶走，我們能夠帶走的是內化在心靈裡的品格，而我們帶著這些面對神的最終審判。在神的掌權下，沒有逍遙法外這種事，一切的謊言會在那時，全部被拆穿，無所遁形、無可狡辯，超越時空的神能夠創造一切，也必能處置一切。

我在《經歷生命的奇蹟》、《經歷生命的道路》、《經歷生命的突破》三本書中，敘述了很多的親身經驗，為的是見證神是真實存在，且是能具體幫助人的。人受限於三度空間的有限時間和空間，有出生必然有死亡，不然有限空間就會容納不下，因此時間是必然存在。所有生物的壽命受限於時間，這顯然是一種刻意安排，而不是隨機發生的機率。宇宙中必然有高於人的存在，這是非常明確的。「靈」是真實的存在，不管在何種宗教中，都確信有靈界的存在，這是無法否認的事實，因為有太多人經歷過與靈相交的經驗，不論是和善靈或惡靈打交道，都是真實的體驗。人們對於看不見的狀況，通常會產生莫名的恐懼，例如在黑暗中行走，不能預期會遭遇什麼的時候，所以害怕靈界力量的介入可以理解，但是已經存在的事物，並不會因為不相信就不存在了。這是每一個人都要認清的事實，當發現事實超乎想像，又該如何面對？

　　我並非寧可信其有的不可知論者，而是一直都知道有靈界的存在，是天生靈覺比較敏銳的人。我親身經歷邪靈的轄制，幾乎失去生命！也親身經歷神，體驗到神的大愛，聖靈的大能，並在生活中可以證明《聖經》所說的一切都是真的。

　　當我正在寫「合神心意的器皿」這篇主題時，神給我很多的話語，也使用了異夢和異象，讓我明白神在我的生

命中有祂的命定，我有要完成的使命與任務。我所獲得的屬靈恩賜，只是為了神事工的需要而賜予的，我已經越來越明確的瞭解了，只是自己從來沒有想過使用佈道的方式來傳福音，佈道是比傳福音需要有更進一步的作為。佈道分為「個人佈道」和「團體佈道」，很多宣教士都是由街頭佈道開始的，我曾參與短期宣教也是這樣做，邀請許多人來參加佈道會，我對於這個使命感覺心情沉重且忐忑不安，感覺到這任務的重大與艱難，不確定自己是否能勝任這樣的事工。

　　我很珍惜神給的恩賜，也很謹慎使用它。我承認自己不是那麼勇敢的人，在很多方面也沒有足夠的自信，更擔心自己自不量力或誤解了神的旨意。若是神指派的事工，當然要去執行，因為這不是工作，而是使命。以我的經驗，只要是接近的時間點，神所說的話必然是有相互關聯的，指的往往也是同一件事。2022 年 3 月 26 日神說：「很多牧者講道，總是在外圍打轉，而不深入核心。」神期待牧者傳講全面的訊息，因為現今末日已近，講說末日景況，並不是要驚嚇人，而是要拯救人。4 月 10 日神說：「神的法則，需有尋求，才有經歷。」一直以來，耶穌不斷地在教導屬神的子民，如何與神建立關係，真實與祂親密的互動。我們因此首先要尋求神，才能經歷神的大能。4 月 10 日神又說：「基督徒經歷神的四個階段：相信→信靠→信心→堅信。」唯有堅信的人，才得以經常經歷神的同在。對於

神的信心，就是建立在一次又一次的經歷上，而這一切，不是由人決定，而是由神決定。因為神更清楚明白，人對祂的信靠程度，以及對祂的信心大小是處在哪個階段。讓神居首位是信靠的開始，因為決定信靠是全部而不只是一小部分，是全然由神來掌管生命中的所有大小事，不是經常和神爭主權，或者又經常拿回來自己掌管。我們在生命中的每一刻，都希望神保守我們的全部而不是部分，而神也希望我們對祂的信靠，是全部而不是部分。因此我們應該謙卑來到神面前，「親近神、等候神、領受神、順服神、堅固信心！」

　　4月12日神說：「人需要擔心的，是因何總在原地繞圈子，無法前進。」我們的生命如果總在原地打轉，沒有突破、沒有跨越，就沒有向前邁進的動力。一個基督徒不僅要尋求改變，也要力求突破，才能不斷地更新生命。4月21日神說：「不只是來傳福音，還要來推廣成為天國的子民。」神希望人藉由教導，能找到通往神國的道路。因此牧者應該多傳講要怎樣才能抵達神的國，要進神的國有一定的揀選標準，而耶穌教導了很多進神國的方法。4月24日神說：「講道的裡面要有神，而不是只有人的推論。」在末世已近的現今世界，神對於教會和牧者，迫切地有所期待。因為只靠人的觀點做推論，成就不了神的工。神深知人不完全，有很多缺點，我們在走向神國的過程中，需要聖靈的幫助，才能不斷地潔淨自己。「不只要稱義，還

要成聖！」義是正確，聖是聖潔，人無聖潔無法見主面，這是進神的國的標準。現今潮流的演變，人們不斷追逐各種不同於以往的偶像，為之瘋狂的程度，早已將神遠遠地拋之於腦後。

對於現今世界，對於人類世界的走向，以及所將面臨的問題，神總是一針見血且直白地說出看法。6 月 15 日神說：「潮流就是拉著我們走的力量。」現今的人們追隨潮流而行，已經到了不問是非對錯的地步，潮流已成為銳不可擋的主流力量，這是神最憂心的部分。好的潮流和壞的潮流會將我們拉往不同的方向，而人本身並無自覺。6 月 16 日神說：「突破就是做以前做不到的事。」若是想要改變潮流，每個人都該試圖做一些不同以往的事或決定，這句話也是神對於我這些日子，猶豫再三跨不出步伐，給我的鼓勵和勸勉。神不勉強人做任何事，奉差遣者必須甘心樂意。神給予「五餅二魚的祝福」，是為了分享給更多的人，我之前並不知道該怎麼做，但是在日後必將要依靠神的引領去做任何的事。

目錄 CONTENTS

第 1 篇

奇妙的耶穌

耶穌是完全的人，也是完全的神，祂降生、受
死、埋葬、復活、升天的過程都被記錄了下來，
其過程可用「奇妙」來形容。因為祂非同常人，
因此也以非同常人的方式，經歷這一切。

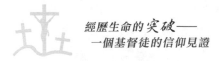
慶祝耶穌誕生

《聖經》是全世界最暢銷的書籍，「耶穌」是全世界最知名的人物，我們使用的西元計年便是以耶穌誕生為起始年，稱為主後多少年。以耶穌去逝的年日推算，祂應該是誕生於西元前 4 年，才是正確的時間點。耶穌降生在猶太人「住棚節」期間，約是太陽曆的 9 月底或 10 月初，並不是我們每年慶祝的「聖誕節」，其實 12 月 25 日是異教神明「太陽神」的生日。當君士坦丁大帝將基督教立為國教後，人們仍然無法揚棄這個傳統節慶，因此教皇決定換一個慶祝方式，把慶祝太陽神誕生換成慶祝耶穌誕生，變成基督的彌撒（記念儀式），從此延續至今，每年在 12 月 25 日這天慶祝耶穌誕生了。節慶總是使人歡樂，因此大家也就不再深究，耶穌是否誕生在這一天。

現今，除了藉由舉辦聖誕節活動，喚起大眾對耶穌的重視，聖誕節在全球各地幾乎已經成為聖誕老公公送禮物的節日，聖誕樹下擺滿禮物，洋溢著耶誕氣氛，孩子期待過完平安夜後領取屬於自己的禮物，而心願會依據掛在聖誕樹上的卡片所書寫的願望實現，因而孩子們都會非常期待聖誕節的來臨，重點是聖誕老公公一定要出現，禮物才不會落空。聖誕老公公送禮物並不分宗教信仰，基本上是人人有份，為的是帶來歡樂、散播愛的氛圍。

耶穌究竟是誰

耶穌究竟是誰？祂的一生因何如此奇妙？基督徒或許熟悉，但是非信徒可能就不太明白了。因此我要好好的來介紹我所認識的「奇妙的耶穌」。

如果把神蹟定義為具有超自然原因的自然事件，那麼耶穌的一生就是充滿神蹟。耶穌原是四度空間的主宰，卻道成肉身來到三度空間成為一個人，祂是奉了父神的差遣，來這個世界拯救百姓「脫離罪惡」，「耶穌」意思為「神拯救」，而祂正是為了拯救世人而來。

耶穌是一位完全的人和完全的神。神使童貞女受孕，聖靈感孕是將父神的 DNA 植入馬利亞的卵子裡，使出生的耶穌同時具有神性和人性，母親是人、父親是神。以現代人的說法，馬利亞是代理孕母，願意為父神生下神子耶穌，並且撫養孩子長大成人。馬利亞經天使告知這個任務，而她是順服神的女子，她的丈夫約瑟也是願意遵從神的義人。這是四度空間的靈，介入三度空間的人的生活，很具體的呈現。

宇宙萬物的創造者

耶穌降生之前叫祂什麼？使徒約翰稱耶穌為「道」（話

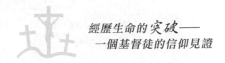
語）。「**太初有道，道與神同在，道就是神。**」（約翰福音一章1節）「太初」是指在未有時間以前，在無始無終的永恆裡，早就已經存在一位自有永有的神，祂是源自於自己且是永遠存在的靈。天使在四度空間也是祂所造的，人類在三度空間也是祂所造的，祂是宇宙萬物的創造者也是主宰者。「起初，耶穌已經在那裡。」《聖經》的創世紀在一開始就形容，起初神創造天地，在當時地球仍是一片混沌，這時天和地尚未分開來。

神將天地分隔開來，才產生了我們可以生存的空間，光和暗也是神將它分開來，才有了白天和夜晚，而水中的、地上的、空中的萬物都是神所造。四度空間的靈是不受限於時間、空間的，但是三度空間的人是受到時間和空間限制，時間是有順序的。因此《創世紀》的第一章，有了神造萬物的順序，沒有這樣的順序，有時序的人就不容易懂。神來自沒有時間序的地方，祂想到什麼就創造什麼，根本不受限於什麼時間序，這是人所無法理解的，包含記錄這冊《創世紀》的人。

三位一體的神

神是能使「無變有」、「有變無」的神，祂的創造必然有其計畫和目的。這是因何愛因斯坦會想要知道，神（上

帝）是怎麼想的，還說知道上帝怎麼想，就能知道一切的
奧祕，他說：「一旦能掌握這個最終的物理定律，就能了
解宇宙當初是怎麼被創造出來，進而洞見宇宙間一切千變
萬化現象的由來。」這是三度空間的人的想法，至於四度
空間的神怎麼想，除非神願意讓人知道，否則人永遠也不
會知道。就如耶穌因何要道成肉身來到這個世界，這是只
有聖父、聖子、聖靈知道的奧祕，祂們是三位一體的神。
神是靈，祂們能輕易的合而為一，也能分開來分別進行任
何事。這在沒有具體形體的靈身上，是十分容易的事。三
度空間的人，無法理解四度空間神的事，就如二度空間的
生物，無法了解三度空間的人的事一樣。

耶穌的血肉之軀

　　神給天使和人自由意志，神本身必然也是有自由意志
的。因此，父神雖然差派神子到這個物質世界一遭，必然
也是神子願意的，祂選擇願意被生下，有了血肉之軀。耶
穌會餓、會渴、會累，也會經歷我們所經歷的一切，祂從
馬利亞的身上遺傳了人的罪性，也會經歷各樣的試煉和試
探。祂在世上短短的三十三年半期間，經歷了所有身為人
所嘗到的各種滋味。從「降生」、「受死」、「埋葬」、「復
活」、「升天」、「再來」、「審判」，是耶穌被賦予的

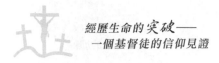
七項完整任務。

　　耶穌是完全的人，也是完全的神，祂降生、受死、埋葬、復活、升天的過程都被記錄了下來，其過程可用「奇妙」來形容。因為祂非同常人，因此也以非同常人的方式，經歷這一切。祂來此的目的：「為了拯救失喪的生命而來，為了替眾人贖罪而來，為了替人們付上贖價而來，為了告訴眾人天國的奧祕而來，為了教導人們找到通往天國的道路而來，為了修復人和神裂解的關係而來，為了替天國找尋更多的合適住民而來。」

耶穌來自神的國

　　耶穌選擇降生在木匠約瑟的家中，有位十分虔敬順服神的母親馬利亞，祂自小知道自己的不同，知道祂的父是天上的父，祂在三十歲開始出來宣講天國的福音，祂的肉體母親馬利亞與許多婦女，及祂自己呼召的十二位門徒，還有一些追隨者跟隨著祂。耶穌除了講道也醫病趕鬼，並行了很多神蹟。四度空間的神，在三度空間行神蹟，對耶穌而言，是再自然不過的了。祂醫治願意相信祂的人，也行神蹟給願意相信祂的人看，更讓與祂同行的人，把這些神蹟奇事記錄下來，給未曾有機會認識祂的人知曉。祂從不諱言自己來自神的國，祂是神子，為了要把神帶到我們

中間，把我們帶到神面前。一旦成為人，必須與世界、肉體、魔鬼爭戰，而祂成功抵擋了一切的試探，這是祂超越世上任何人的地方。

耶穌從來沒有向罪性屈服，一生沒犯過任何罪。正因為他是無罪的，才能代替我們的罪，獻上贖罪祭，成為代罪的羔羊，在逾越節之前被宰殺。耶穌從出生就知道，自己的一生將經歷些什麼，祂是為了上十字架而來，十字架是雙重的代替。耶穌說：「把你的罪給我，我就把公義給你。」我們即使除了罪，但是缺乏義，仍然難以被父神接納。因此透過雙重的代替，我們得以與神和好。

耶穌所行的神蹟

耶穌行神蹟三年半，幫助無數的人，許多人病得醫治，只要有信心來尋求耶穌醫治的病都好了。耶穌連話語都有醫治能力，祂用神奇的大能，趕出被污鬼、邪靈轄制地極為痛苦的人。耶穌是高於所有靈的存在，當然能輕易趕出牠們。現在我們仍然能夠「奉靠耶穌基督的聖名」，趕逐這些污鬼、邪靈，甚至連撒但爪牙都會落荒而逃。耶穌甚至能使死人復活，讓瞎眼的得看見，耳聾的得聽見，瘸腿的得行走，並使飢餓的得飽食。

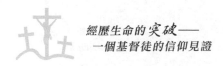
逾越節前的筵席

耶穌公開服事，在短期間內就變成大人物，有很多人跟隨，必定會挑起某些人的敵意，惹動他們的怒氣或嫉妒，短短三年內，耶穌樹立的敵人和結交的朋友一樣多。耶穌是被一群人合謀殺死的，猶太公會有七十名成員表決要處死耶穌，只有兩人棄權不投票。耶穌當然知道很多人想盡辦法要抓祂，而祂正在等待適當的時機，進行天父差祂來到世上的任務。

有著肉體的耶穌，知道自己將面臨的痛苦折磨，祂在客西馬尼園禱告，祂說：「**阿爸！父啊！在祢凡事都能，求祢將這杯撤去。然而，不要從我的意思，只要從祢的意思。**」（馬可福音十四章 36 節）可見要上十字架，耶穌的肉體仍有掙扎並感覺壓力，但是祂的心意已決，願意為眾人上十字架。耶穌和十二個門徒一起吃逾越節前的筵席，祂就預告有人要出賣祂。祂說：「**人子必要去世，正如經上指著祂所寫的。**」（馬可福音十四章 21 節）耶穌知道這是他們吃的最後一餐飯，因此就拿起餅，擘開遞給他們說：「**你們拿著吃，這是我的身體。**」（馬可福音十四章 22 節）又拿起杯來說：「**這是我立約的血，為多人流出來的。**」（馬可福音十四章 24 節）祂說：「**你們中間有一個與我同吃的人要賣我。**」

　　耶穌早已知道，十二個門徒中的猶大會出賣祂。猶大掌管財務，而他本人也貪財，因此為了三十塊錢出賣了耶穌，告知要抓耶穌那幫人耶穌的行蹤，因此耶穌被這一幫人帶走。

神撕裂了幔子

　　審訊中，耶穌承認是神的兒子，猶太人認為這是褻瀆神的罪，但是在羅馬的法律中，褻瀆神不是罪，只有背叛凱撒，叛國罪才能判處死刑。猶太人把「褻瀆罪」改成「叛國罪」，公然指稱耶穌叛國，他們必定要置死耶穌，且用最折磨人、最羞恥、最痛苦的死法，就是釘十字架。釘在十字架上，不會很快死去，被掛在十字架上，承受四肢被釘在十字架上的痛苦，慢慢地因無法呼吸、窒息而死。最快兩天，最慢七天，又餓又渴直到完全死透。

　　耶穌被釘在十字架上，只撐了六個小時，是早上九點到下午三點。在這期間，中午到下午三點，太陽不見了，這三個小時處在一片漆黑中。耶穌的死與超自然事件息息相關，耶穌斷氣時發生大地震，至聖所的幔子竟然從上到下裂成兩半，那不是人的作為，是神撕裂了幔子。我們和神之間的隔閡被除去了，再也不需要阻隔的布幔，人人能夠直接到神面前，我們因為有耶穌寶血的遮蓋，才得以逃

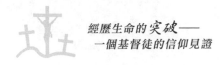

過神的責罰，而耶穌是我們的替罪羔羊。當日下午三點，正是宰殺逾越節羔羊的時刻，耶穌被釘十字架是為了我們，為我們的罪付上代價。

「受洗」是我們與基督耶穌完全認同的時刻，洗去之前的罪惡、污穢，才能再次面對神的面。這就是十字架的恩典，從我們相信耶穌開始，將我們的舊老我與耶穌同釘十字架，有了新的生命樣式，成為新造的人。

耶穌死在逾越節前

耶穌死在逾越節前，「猶太人因這日是預備日，又因那安息日是個大日，就求彼拉多，叫人打斷他們的腿，把他們拿去，免得屍首當安息日留在十字架上。」（約翰福音十九章 31 節）依照猶太人的節律，「大安息日」可以是一週中的任何一天，而不一定是星期五。西元 29 年的大安息日是星期四，那年的逾越節就是從星期四開始，逾越節的羔羊都是在星期三下午三點宰殺的，而那正是耶穌死亡的時刻。耶穌曾說：「約拿怎樣三日三夜在大魚肚腹中，人子也要這樣三日三夜在地裡頭。」耶穌死後果然有三天三夜被埋葬在墓穴裡頭，三日後復活。

所有的證據都指向耶穌是在星期六的下午六點至午夜之間復活的，就在這期間，神在墓穴中行了大事，耶穌死

而復活。耶穌的屍體被兩條布纏裹著，一條纏裹身體，一條纏裹頭部，安放在穴墓中，用大石頭封住洞口，並有兵丁在外看守。因為耶穌預言祂會復活，所以官兵怕人來盜走耶穌的屍體。耶穌復活之後，一群婦女來到墳墓旁，大石頭已經被滾開了，他們看到空空的裹屍布，看見空蕩的墳墓，耶穌已經不在這裡了。天使告訴他們：「耶穌不在這裡，祂已經復活了。」婦女去告知彼得和約翰前來觀看，果然發現耶穌的身體已經不見了。

這時耶穌去了哪裡？原來耶穌的靈去到死人的世界，向那些在挪亞時代淹死的人講道。耶穌只向那些在大洪水中淹死的人傳道，他們是唯一可以抱怨神不公平的人，他們的死期未到，就被除滅了。神後來發誓永遠不再這樣做，而且不會再這樣對待任何一個世代。因此耶穌去向他們傳道，補償他們被剝奪的機會，也有一個被神拯救的機會。

耶穌死而復活

耶穌離開了三度空間的身體，因為祂的肉體是真的死亡了。祂在復活之後，使用了新的身體，開始出現在各處，如果以靈的方式現身，人的眼睛是看不到的。耶穌在馬忤斯的路上和兩個人同行，並且聊了很多事情，最後才被認出原來是耶穌。當他們急著把這個驚奇的消息告訴使徒們，

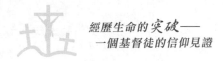

而耶穌早已到達那裡。他們正在吃晚餐,耶穌說:「給我一些。」並在眾人面前吃了。當時沒有在現場的多馬說:「除非我看見祂手上的釘痕,用指頭探入那釘痕,又用手探入祂的肋旁,我總不信。」過了八日,門徒又在屋裡,多馬也和他們同在,門都關了,耶穌來站在當中說:「願你們平安。」就對多馬說:「伸過你的指頭來摸我的手,伸出你的手來探入我的肋旁,不要疑惑,總要信。」耶穌的新身體似乎很奇妙,祂能輕易穿過關上的門,能夠隨意出現,也能任意消失。耶穌可以讓自己的身體看不見、摸不著,也可以看得見、摸得到。復活的耶穌比復活前的耶穌,在行動上有更大的自由,而且移動速度非常迅速,幾乎是想到哪裡,就立刻出現在那裡。顯然祂能在四度空間和三度空間來去自如,完全不受到任何的限制。

差遣聖靈保惠師

耶穌有時現身、有時消失,是為了讓人們適應祂能變化的身體。耶穌曾經承諾:「我必永遠與你們同在,直到世界的末了。」祂允諾會差遣聖靈保惠師與我們同在,而聖靈就是耶穌的靈,是耶穌無形的同在。耶穌在向眾人顯現四十天之後,祂在門徒目睹下升天,然後被雲彩接到天上,消失在雲彩中。當大家定睛望天,直到天使說:「加

利利人哪！你們為什麼一直望著天呢？耶穌會再回來，祂怎麼去，就怎樣回來。」門徒回到耶路撒冷，做了猶太人從來沒有做過的事——「敬拜耶穌」。猶太人如果敬拜凡人，就是犯了褻瀆神的罪，而他們顯然知道耶穌是神，不再避諱公開敬拜祂。

耶穌在五旬節前十天升天，而聖靈在五旬節那天，在場有一百二十人的聚會當中降下來，其中包括十二個門徒和耶穌母親馬利亞，和許多跟隨耶穌的人，他們都在當日受了聖靈，這些人說方言、發預言，開始大膽講論耶穌的真道。根據《使徒行傳》的記載，越來越多人被聖靈充滿，然後，教會開始擴張。

聖靈保惠師是耶穌應允，差遣在我們身邊的陪伴者，祂是個靈、是耶穌的替身，當人們被聖靈充滿的時候，就像被耶穌充滿，因為那就是耶穌的靈。耶穌不會賜給不信者證據，只會賜給那些委身於祂的人，讓我們知道耶穌還活著。只要願意相信，就可以經歷到復活的耶穌，這種人不需要被說服，因為他們有主耶穌親自給的證據。

保羅曾說：「基督若沒有復活，我們的信便是徒然，我們仍在罪裡。」基督若沒有復活，我們仍在罪中，什麼都沒有改變，十字架不起任何作用。耶穌道成肉身是為了這三件事而來：「一、釘十字架，二、埋葬，三、復活。」祂在完成這三件事之後，就升天回到天上去了。十字架的

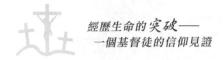

刑罰是有史以來，最為殘酷的刑罰，為什麼一個神要為這樣的目的而來？四度空間的神，是從開始即能知道結束的神。靈沒有身體因而無法使人的眼睛看見，因此耶穌讓自己有了肉身，而祂的肉體感知是和我們一模一樣的，祂被鞭打一樣會疼痛，祂被羞辱一樣會難受啊！這是在祂降生之前就能知道的，必將要面對的一切苦難，而祂願意承受這些，為了以無罪代替有罪的。

先知以賽亞的預言

六百多年前的先知以賽亞曾說：「我們所傳的有誰信呢？耶和華的膀臂向誰顯露呢？他在耶和華面前生長如嫩芽，像根出於乾地。他無佳形美容，我們看見他的時候，也無美貌使我們羨慕他。他被藐視、被人厭棄，多受痛苦，常經憂患。他被藐視，好像被人掩面不看一樣，我們也不尊重他。他誠然擔當我們的憂患，背負我們的痛苦，我們卻以為他受責罰，被神擊打苦待了。哪知他為我們的過犯受害，為我們的罪孽壓傷。因他受的刑罰，我們得平安；因他受的鞭傷，我們得醫治。我們都如羊走迷，各人偏行己路，耶和華使我們眾人的罪孽都歸在他身上。他被欺壓，在受苦的時候卻不開口；他像羊羔被牽到宰殺之地，又像羊在剪毛的人手下無聲，他也是這樣不開口。因受欺壓和

審判，祂被奪去，至於祂同世的人，誰想祂受鞭打，從活人之地被剪除，是因我百姓的罪過呢？祂雖然未行強暴，口中也沒有詭詐，人還使祂與惡人同埋，誰知死的時候與財主同葬。耶和華卻定意將祂壓傷，使祂受痛苦。耶和華以祂為贖罪祭。祂必看見後裔，並且延長年日。耶和華所喜悅的事必在祂手中亨通。」（以賽亞書五十三章 1-10 節）

我們從以上的描述，都知道祂是指耶穌，而祂從被逮捕到被釘十字架死亡的過程，完全吻合《以賽亞書》所描述的。「人還使祂與惡人同埋，誰知死的時候與財主同葬。」耶穌無罪的身體和犯了重罪的犯人，同釘在十字架上。被釘十字架的屍體，一般並不會被埋葬，會被直接丟入欣嫩子谷的垃圾堆中，因為死者被埋葬，代表被尊重，而犯人不配得到。但是耶穌並沒有犯罪，祂是代替眾人上了十字架。一位默默追隨耶穌的亞利馬太的約瑟，他在一座山壁上擁有一個墓穴，原來是要安葬自己的，他是一位財主，才有能力購買或挖掘這樣又大又寬敞的墓穴，而他說：「耶穌可以葬在我的墓裡。」約瑟和尼哥底母將耶穌的屍體領回，安放在墓穴中，進行了某種葬禮，並滾來大石頭，確保耶穌屍體安全地停留在那裡。

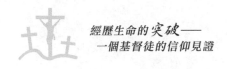
預表未來的彌賽亞

　　先知以賽亞很具體的描繪了六百年以後耶穌的形像，
祂無佳容美貌，可見祂不是因為美好容貌而被跟隨，正如
耶穌選擇出生在木匠家中，也選擇了一個平庸的容貌，這
容貌不會受到人的追捧，而是受到藐視、不尊重祂，因為
人往往以外貌取人。有好的身家背景、有吸引人的容貌，
容易得到人的尊重，因為人看人是看外表，而神看人是看
內心，耶穌當然是神的眼光。神在六百多年前，就啟示先
知以賽亞寫下來的劇本，是預表未來彌賽亞（救世主）的
到來。越是了解耶穌為我們所做的一切，就越是尊崇敬佩
祂，因祂願意為我們而來，並為我們犧牲生命，且是以經
歷十分痛苦的過程來成就這一切。

　　審判官彼拉多其實知道耶穌並沒有犯罪，因此他認為
只要把耶穌毒打一頓，讓民眾解解氣，就釋放耶穌。沒想
到民眾堅持要處死耶穌，寧願釋放有罪的巴拉巴，也不願
意釋放無罪的耶穌。彼拉多為了個人利益騎虎難下，只好
判了耶穌被釘十字架。耶穌被打得皮開肉綻，血肉模糊，
傷口深可見骨。在兵丁的嘲諷戲謔下，耶穌早已奄奄一息，
竟還被要求扛十字架的橫樑到受刑地「各各他」。

　　耶穌早已虛脫，根本扛不動，因此士兵才找人來幫祂
扛木頭。耶穌走向刑場的那一段被稱為「苦路」，兩旁觀

看的群眾，有為祂心痛難當的，也有拍手稱慶的，耶穌含辱負重的走完最後一里路。耶穌承受身體劇烈的疼痛，因為身體脫水的關係，耶穌說：「我渴了！」士兵戲弄耶穌，拿醋給祂喝。在承受巨大的痛苦中，耶穌大喊：「成了！」耶穌知道自己不必再受苦了！如果你是耶穌，願意在明知會遭遇如此痛苦折磨的狀況下死亡嗎？耶穌當然知道這是祂來到這世上的任務，但是當祂身為人，就會有身為人的軟弱與懼怕，因此才會在客西馬尼園禱告時，一度求父撤去這個杯，杯代表苦難，但是仍然遵從父的旨意，而不是自己的意思。

耶穌的靈超越時空

耶穌升天之後，回到天父的身邊，神將祂升為至高，又賜給祂那超乎萬名之上的名：「是萬王之王，萬主之主」，叫一切在天上的、地上的和地底下的，因耶穌的名無不屈膝，無不口稱耶穌基督為主，使榮耀歸與父神。「耶穌的聖名」和「耶穌的寶血」是大有能力的，在我們身處的三度空間，祂是四度空間的至高者，父神已將所有權柄都賜予祂了。因此當耶穌再來，就是世界的末了，將由耶穌來審判活人、死人。

耶穌曾經身為人，擁有身為人的一切感知，也經歷過

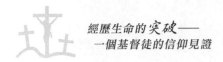

身為人的一切，因此最有資格來審判人。祂深知人性的一切，身體的軟弱、心理的軟弱，還要與肉體、魔鬼、世界爭戰。耶穌知道人靠自己本身很難勝過，因此差遣聖靈保惠師來幫助我們，要勝過試煉與試探。人不倚靠外力，並沒有辦法自己救自己，因為我們連脫去舊老我的能力也沒有，光是要克服養成已久的習慣，都不是件容易的事。耶穌深知我們的需要，只要我們願意，耶穌願意參與我們的生命與生活。耶穌生活在三度空間時，身體受到很大的限制，只能和一般人一樣，用兩條腿來行走，身體只能出現在一個地方。當祂返回天上，用不同的樣式回來，靈是超越時空的，祂能快速掌握一切，對於人能有更多的幫助，也能影響更多人，做更多的事。

耶穌比人更熟悉人的一切，更清楚人的心思意念及行為，聖靈是位好老師，因為祂的教導引領永遠不會錯。以我個人的經驗，當耶穌開始介入我的生命，得到聖靈的直接幫助，我的人生際遇完全不同，而我的個人也有很大的改變，在耶穌裡真的會成為新造的人，舊事已過都成為新的了，而生命的美好，在今生就能得著。

舊約與新約

《聖經》真的不是普通的書，因為神有太多話語在其

中，值得經常翻閱並且常常默想，神因何如此說？希望我們如此做？這其中必然是對我們有益的。《聖經》有 66 卷書，舊約有 39 卷、新約有 27 卷，內容包羅萬象，都和人們的生活有密切的關連，我們一生中所會遭遇的情況，幾乎都能在書中找到。舊約是猶太人的經卷，耶穌是猶太人，使徒也是猶太人，他們當時閱讀的是《舊約聖經》；《新約聖經》也引用神的話語及舊約的內容，但主要圍繞著一個人物，就是「耶穌」。

「福音四書」記錄的正是耶穌的生平，讓不認識耶穌的人，有機會認識這位，為了拯救我們，願意為我們上十字架，代替我們的罪、救贖我們生命的神。祂至今沒有離開，至今仍時時刻刻影響著我們的生活及生命。保羅在寫書信時，並沒有想到日後會成為《新約聖經》教導人的範本。而《路加福音》和《使徒行傳》的作者路加，當初是為了營救保羅而寫下這兩卷書，為了保釋因信仰坐牢的保羅。因為總總原因，被收錄在《新約聖經》中，這該是新約作者始料未及的事。《新約聖經》總共有 27 卷書，成為凝聚基督信仰的重點教材，是基督教的重要文獻。

最難看懂的一卷書

《啟示錄》是《新約聖經》中的最後一卷書，也是最

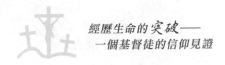

難看懂的一卷書，卻是給身處末世的人們很重要的提醒。
《啟示錄》講述的地點是跨越天上和地上的不同場景，因
此令人眼花撩亂。三度空間的人，要弄懂四度空間的時空，
確實並不容易，人習慣具體的存在，且有固定的先後時間
序，而四度空間並沒有這些限制。約翰只是被指示記下來
而記下來，當然他是目睹一切的人，而耶穌正是要約翰寫
下這一切的作者。約翰告訴我們，耶穌再來時的徵兆，以
及耶穌進行最後審判的世界，會是什麼樣貌。這是世上每
個人都應當知道的，因此耶穌要基督徒將福音傳給世上每
個人。

　　當全世界戰爭、饑荒、地震連連的時候，耶穌勸勉基
督徒：「不要驚慌，不要恐慌，不要像眾人一樣煩惱，你
們心裡不要憂愁。」耶穌說：「會有痛苦，但這是生產的
陣痛，不是死亡的痛苦。這是帶進一個嶄新開始，不可少
的陣痛，如同女人產前的陣痛，這世界將經歷更多的痛苦，
新世界才會誕生。」當世界災禍不斷發生，要提防假先知
和敵基督的詭計，會有人利用人們缺乏安全感，來混淆視
聽。在動盪不安的時代，人們會去跟隨那些給予假承諾和
假安全感的人，因為恐懼是人很難對付的心理壓力，過大
的恐懼會使人幾乎崩潰。耶穌的忠告是要人在苦難中也要
堅忍，因為「忍耐到底的，必然得救。」

末日施行審判

　　耶穌再來的時候，日月星辰也都要變暗，世界陷入黑暗，等待光明來臨，閃電會從東邊到西邊照亮整個天空，一看到這個預兆，看到這一切的時候，就知道耶穌已經來到門口，準備回到歷史舞台了。耶穌再來為當今世界所做的最後一件事——「按公義審判世人」。

　　那日眾人的一切必在基督面前顯露出來，叫各人按著本身所行的或善或惡受報。神不會照我們的標準施行審判，神有自己的準則，而那一定是公正的。在神面前，無人可以逃過制裁。審判那日，所有罪行都會寫在冊上，人人都要面對自己的一生。保羅很清楚地說：「神不是根據你不知道的事來審判你，而是根據你所行的。」每個人的良心裡，都有是非對錯標準，在人們心中寫有律法，知道是非對錯的觀念。我們常用自己的標準去定別人的罪，但也應該用同樣的標準來判斷自己。那些不怕神，認為神不存在的人，會暗中做一些明知道是錯的事情，他們以為神不知鬼不覺，無人知道。神是公義的，祂會用每個人都知道的，以及他們用來定別人罪的標準來審判人。如果這些人沒有機會聽過福音，神不會說：「我拒絕你，因為你沒有回應福音。」那是完全不公平的。但你可以放心，神會按照我們所了解的，已經被告知的，以及良心所知道的是

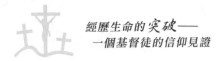
非對錯標準來審判我們。

　　神會審判每個曾經活在世上的人,而不只是基督徒。我們活在一個不公義的世界,不公平的社會,但有一天神的公義會處理一切,錯誤會被導正、審判、處置,那日就是審判日。

《啟示錄》攸關未來去處

　　《啟示錄》是一冊不能忽視的書,它攸關我們的未來及未來的去處。耶穌將來進行最後的審判,因為祂來過這世界,承受過我們所受的壓力,受過各樣的試探,最有資格審判人類。祂有兩本冊子,一本是「行為冊」,記錄我們在肉身中所行的事,也就是今生所做的事;另一冊是「生命冊」,如果你的名字記在生命冊上,就不用害怕審判日了。得勝的人有福了,他的名字必不從生命冊上被塗抹,但是未能得勝的基督徒,名字會被塗抹掉。我們的靈命必須勝過物質世界、肉體和魔鬼,不被這個世界弄瞎心眼,才能得勝。耶穌要我們謹慎留意事上的一切,將我們帶往哪個方向,是永恆還是滅亡?

　　很多人不喜歡「受審判」及「天堂」、「地獄」的問題,以為躲避就不需要面對。就如我們不想要四度空間的靈,洞悉三度空間的人,但一切無所遁形,沒有絲毫能隱藏的

餘地。「人需要罪得赦免，也需要追求聖潔。」《啟示錄》
最後說，不是所有基督徒都可以承受新天新地，唯有得勝
者才有資格承受神國的一切。「得勝」是指戰勝內在、外
在壓力的人，他們勝過外面的「試煉」和裡面的「試探」。

神賜下兩樣禮物

其實神藉著耶穌，已經賜下「赦免」和「聖潔」兩樣
禮物，但兩者都需要被接受和被使用，才能成為我們的。
「領受神的赦免，名字就能記在生命冊上；願意接受神的
聖潔，名字就能留在生命冊上。」耶穌為我們完成的一半
就是「赦罪」，而我們要努力的一半就是「聖潔」，耶穌
願意幫助我們成為聖潔。如果我們了解，耶穌已經做成的
一切，現在正在做的和將來要做的，都是為了拯救我們脫
離自我，以及脫離這可悲又可惡的世界。我們必須和耶穌
建立關係，從認識奇妙的耶穌開始，就能更理解一個既是
神又是人的存在。人與人相交有人的方式，而人與神相交
同樣有在靈裡相交的方式。每一個人都能和神建立良好的
關係，但這部分只能靠自己，別人幫不上任何忙。聖靈可
以協助我們拉近距離，而距離取決於我們的態度。神並不
偏待人，祂對每個人張開手臂，歡迎每一個願意相信祂、
信賴祂、依賴祂的人。

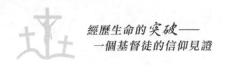

耶穌用寶血買贖人

曾有讀者來函詢問，內容如下：「蒙大恩的女子妳好，我曾是基督徒，也好像經歷過神，有過一些靈恩經驗，但生命中的破碎，讓我離教會也越來越遠，《聖經》中與空中惡魔爭戰的想法，差點把活在現實生活中的我搞瘋，偶然間看到妳生命見證的書籍，讓我十分好奇，那樣的見證，真的是神帶來生命的改變嗎？如果是那樣，為何改變不了我？因信稱義，耶穌寶血買贖，為何人的罪行還在，既制服不了伏在門前的罪，也止不住那樣的循環，難道耶穌是白白被釘在十字架上嗎？好多的疑惑，讓我懷疑基督信仰只是童話嗎？迷途羔羊謹上」我理解這是很多人在持守信仰的過程中，很容易會有的疑問，我已私下回函，會在這裡提出來討論，是因為讀者真的很具體而真實的，傳達了他的心境，而這也是很多身為基督徒會有的疑問。希望這篇〈奇妙的耶穌〉，能帶給也有此疑問的人一些解答。

耶穌是完全的神與完全的人，祂在四度空間時有很大的權能，但是當祂成為人，受限於時間和空間，有了肉體的身體，就必須面對物質世界。肉體會經歷一些引誘，耶穌既然是個人也無法避免，只是每個人用不同的選擇和判斷來面對，除了生理需求也有心理需求，既然生為人就會有身為人的罪行及各種慾望，這是生而為人就一輩子需要

對付的，即使是耶穌也不能例外。

耶穌經歷誘惑與試探

　　每個有靈的人，都會經歷屬靈戰，魔鬼撒但正是來這世界和神爭奪靈魂的狠角色，牠是謊言之父，對比說實話的神，謊言有更多揮灑的空間。實話只有一個，謊言卻有很多，很多似是而非、經過包裝過的謊言，更能被人所接受，不但悅耳動聽，而且更符合人性的期待。身為有肉體的人，耶穌也經歷誘惑和試探。「當時，耶穌被聖靈引到曠野，受魔鬼的試探。祂禁食四十晝夜，後來就餓了。那試探人的進前來對祂說：『祢若是神的兒子，可以吩咐這些石頭變成食物。』耶穌卻回答說：『經上記著說：人活著，不是單靠食物，乃是靠神口裡所出的一切話。』魔鬼就帶祂進了聖城，叫祂站在殿頂上，對祂說：『祢若是神的兒子，可以跳下去，因為經上記著說：主要為祢吩咐祂的使者用手托著祢，免得祢的腳碰在石頭上。』耶穌對牠說：『經上又記著說：不可試探主祢的神。』魔鬼又帶祂上了一座最高的山，將世上的萬國與萬國的榮華都指給祂看。對祂說：『祢若俯伏拜我，我就把這一切都賜給祢。』耶穌說：『撒但退去吧！因為經上記著說：當拜主祢的神，單要事奉祂。』於是，魔鬼離了耶穌，有天使來伺候祂。」（馬太福音第

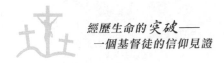

四章 1-11 節）

　　耶穌在四度空間裡，一切權勢、能力當然都比撒但大，但是當祂身處三度空間，受限於肉體的身軀，也受到屬世界的罪惡權勢誘惑與試探，最後耶穌呼喊著：「撒但退去吧！」斥責撒但要魔鬼離開，這是我們應當學習斥責撒但離開的方法。「當拜主祢的神，單要事奉祂。」這句話正是撒但和其同夥背叛神的主因。神所造的天使原是神的僕役，專門侍奉神，帶頭的天使長（撒但）不願意侍奉神，帶領三分之一天使離開神，墮落到三度空間來呼風喚雨，因為三度空間的靈，受四度空間的靈所管轄。

相信正確來源的靈

　　一個人只要活在這個三度空間內，就會受制於四度空間的靈，不管是受到轄制或是攪擾，不然不會有那麼多人往宮廟跑（道教），就是受到靈界的干涉，在諸事不順的情況下，就去找可以通靈的人處理（辦事）。某些人能預知未來，必然是借助某些靈的能力，但靈有善靈和惡靈。這些拿錢辦事的通靈人，只要能夠幫助他們解決問題，至於究竟借助什麼力量來源，他們也並不在意。

　　許多人盲目地相信來源不明的靈，卻不願意相信正確來源的靈，實在令人匪夷所思！人們所招來的許多邪靈，

往往是萬劫不復的開始，我曾經有過這樣的經驗，因此我很在意靈的來源是否正確。靈的世界和人的世界一樣可怕，我們都怕招惹黑道，因何不怕招惹邪靈？信很多不如信的正確，在遭遇困境或危難時求助的對象，必須是自己了解、認識，並且信得過的。我在仍是傳統信仰時，也和一般人一樣，曾經相信很多不知名的神祇，只知道他們擁有靈界的力量，並不知道自己所找的是誰？直到很多邪靈上了我的身，親身經歷了邪靈的操控，才知道自己三度空間的軀體，無力抵抗四度空間的許多靈。

離神越近越蒙蔭庇

我在幾乎失去生命時遇見主耶穌，當我越是認識祂、了解祂、信任祂，也就越愛祂，「耶穌愛我，我也愛祂。」耶穌的愛是犧牲的愛，願意為愛的人捨命，也是付代價的愛，而我對於耶穌，也是相對地如此彼此相待。基督信仰是講求關係的信仰，我信仰的最初是自己生命中最艱難的時候接受的，因此與神建立了深厚的信賴關係。我用最真實坦誠的心面對神，祂是我唯一的依靠，在我面對困難、危險的時候，唯一出手相救的正是祂。在許多時候，人的有限能力無法幫上忙，而凡事都能的神，只要祂願意，幫助馬上就臨到，離神越近、越蒙蔭庇，這是必然的。靠著

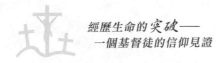
耶穌帶領，勝過一切的考驗，我要成為得勝者，在耶穌的
生命冊上不只有我的名字，而且確保不被塗抹，得以進入
神的國，與我親愛的人永遠同在。

在世界的末了，地球終將滅亡，而新的耶路撒冷將會
從天上降下來，賜給有資格居住在其中的住民，我要成為
其中的一員。神能將混沌的地球，創造成適合人類居住的
地方，因此重新創造一個新天新地，只是舉手之勞，輕而
易舉的事。到時候，山羊與綿羊會被區隔出來，前往自己
該去的地方，而背叛神的天使與邪靈被關進神為牠們預備
的地方，因為這些靈和神一樣是沒有死亡的，而得到永恆
生命的人們，享有永遠的福樂及神所應許的一切。

第 2 篇

四度空間的靈界

四度空間是超越時間和空間的存在，唯有靈可以在三度空間及四度空間穿梭。當一個人死亡、離開這個世界時，靈離開身體，能帶走的唯有靈裡的一切，而物質界的一切都帶不走。一旦離開三度空間之後，就會抵達四度空間，並在那裡度過永恆。

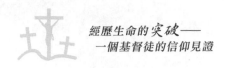
四度空間模擬圖像

我們從數學裡學會，一度空間是一條線、二度空間是平面、三度空間是立體、四度空間的模擬圖像是一個由小立方體延伸出去的大立方體，每一條線都有對應的直角。當我第一次看見四度空間的模擬圖像，是在維基百科裡：四維（度）立方體包覆著三維（度）的立方體，這是用電腦模擬出來的圖像，因為四度空間實在太抽象了。在數學或物理學上，四度空間的理論是絕對成立的，但是要證明它的存在，科學家有不同的論證。而我們生活在三度空間裡，有明確的上下、左右、前後的定位感，對於只能感知具體存在事物的人類而言，必須制定具體的量化、排序來定位，因此時間有了時間序，空間有了空間序，而人們依照秩序來過生活。

很多古老文明以月亮來計算日期，因為月亮有陰晴圓缺，方便於辨別大概是一個月中的什麼時候。現代人都知道陽曆（以太陽為依據）、陰曆（以月亮為依據）所計算出來的日期並不相同，而依據太陽比較準確，因為地球繞著太陽一圈是一年 365 又 1/4 天。

計數符號的使用

　　人類身處時間、空間有限制的三度空間裡，我們習慣將許多東西切塊處理，一天切成二十四塊，一天有 24 小時。而符號的使用，讓我們清楚明白現在是什麼時候。「0」是最難以解釋，「0」有時並不表示沒有，而是一個放在「1」之前的計數符號，一天的開始「00:00」是指歸零重新開始計算，而不是「沒有時間」。在數學上，「0」必定有其功用，缺它不可，「0」的符號和概念最晚出現，因為一開始不知將它放在哪裡才好。數學上說：「0 度空間，是指都沒有，一度空間是一條線，但是沒有厚度的線根本看不見，是筆尖的厚度讓我們看見了，因此其實是加了厚度的二度空間，而平面沒有加上厚度也是看不見，因此平面加上厚度就成了立體。」數學必定是 0、1、2、3、4、5 一直往上加，例如我們蓋房子無法從 2 樓開始蓋起，必定是由 1、2、3、4……往上疊。

　　人類靠語言來溝通，如果沒有為所有已知的事物命名，就無法明白對方究竟在說什麼？原始人類在懂得數數之前，用結繩記事，用打結來對應數量，目前仍有原始部落用這樣的方式來計數：約定十五天後見面，打了 15 個結，每過一天就打開一個結，結都打開就是見面的日子。我們當然知道使用符號多方便，但在還使用以物易物的原始部落，

很多東西其實很難量化，因此每個人交換自己所需要的，兩人合意就成交了。

在互利才能共生的條件下，分享所有資源，是人能活下去的主要因素。這些原始落部即使過了這麼久遠，仍然使用非常原始的方式生活，但是他們能存活至今，就表示人也是可以這樣過日子，而他們甚至不知道自己究竟在這世界過了多久，從出生到死亡，究竟過了多少日子。他們不必每年慶祝生日，也不必記念忌日，因為根本不知道是哪一天？這樣就不算過一生了嗎？

三度空間受限於時空

我們活在有時間和空間限制的三度空間裡面，必然有出生和死亡，否則有限的空間根本容納不下。從神造萬物以來，有多少生物曾經生存在地球這片土地上。神讓有軀體的生物，必須有出生和死亡，是多麼巧妙的設計。我們生活的三度空間，是具體又立體的存在。愛因斯坦在他的相對空間理論中提出：「一度空間指線，二度空間指平面，三度空間指立體，四度空間指超越現實的幻想世界。」史蒂芬‧霍金則說：「開車直線進入，等於在一度空間中行進，而左轉或右轉等於加上二度空間，至於在曲折蜿蜒的山路上下行進，就等於進入三度空間，穿越時光隧道，就是進

入四度空間。」他的蟲洞理論，認為搭乘速度接近光速的宇宙飛船，可以飛入未來的時間，也可以進入遙遠的過去，進行所謂的時間旅行。目前人對於四度空間的概念是：「地球和某種神祕的世界有一種通道，通道兩邊是兩個不同層次的世界。」

科學家靠推論來證實論述的準確性，有一個說法：「當空間被賦予時間後，時間一分一秒的開始走動，空間裡的物體也會開始移動變化。若時間停止，空間裡的物體也會暫停，時間和空間是息息相關的。空間內的物體，若從頭到尾都靜止不動，時間將不存在，也可以說，是因為物體的移動變化，讓時間有了意義。」科學的論述，推論來、推論去，言之成理，但是時間曾經為誰暫停過？如果有，那該是超越三度空間的力量吧！身處在三度空間裡的我們根本辦不到。身處三度空間就會有時間、空間的限制，這是創造者的智慧。

超越時空的四度空間

我們若處於四度空間看三度空間的世界，看起來就像電影剪接一樣，記錄著每個生物體於不同的時間點所處的位置，及不同時刻所發生的事件。也就是說，人若能夠進入四度空間，他就脫離了三度空間的限制，他就可以看到

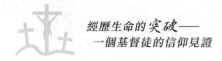

一個人的出生、成長及死亡，就像導演在看電影底片一樣。他可以決定要從哪一個時間點，來欣賞這部電影的影像片段；也可以選擇從哪一個時間點開始看，可以從開頭開始看起，也可以選擇中間跳過，直接看結局。處在三度空間的人物，會受到時間的約束和限制，時間是一分一秒的過，不能跳躍，不能飛騰，無法立刻就過了幾十年。但是對於四度空間的存在者，時間是不具意義的，因為在他們眼中，過去和未來是同時存在的。就像電影一整卷的底片一樣，電影開頭的底片跟結尾的底片，可以同時被導演看在眼裡，兩者當下可以同時存在。

　　我們相信，每一部戲必然有其編排指導一切的導演，因何有很多人不相信，宇宙之中有一位創造者？祂是每個人生命中的導演，我們的一生在祂的手中，而我們的人生就是一部真實存在的戲。《聖經》上說：「**我想神把我們使徒明明列在末後，好像定死罪的囚犯；因為我們成了一台戲，給世人和天使觀看。**」（哥林多前書四章9節）我們人生的這台戲，觀看者除了世人、天使，還有神，而神是整台戲的導演，祂有權利改變劇情的走向，因為祂是導演。

四度空間真實存在

生存在三度空間的人們，很難想像四度空間的一切。現今有越來越多的科學家相信，四度空間真實存在。如果我們只是井底之蛙，無法離開井，當然只能看見上方的一小片天空。但是站在井外的人，不但能看見井底的青蛙，更能看見井外的廣闊世界。我們知道小的才能放進大的裡面，大的無法放進小的裡面，以俄羅斯娃娃為例，任何小的都能放進大的裡面，即使它有很多個。經由大的來包覆小的，定是不變的道理。三度空間必定包含在四度空間裡面，三度空間的地球只是個小球體，四度空間則是浩瀚宇宙沒有邊界。科學家也無法估算出宇宙究竟有多大，只說它仍然在膨脹中，就是不擴地擴大中。

愛因斯坦研究「宇宙學」，他曾說過：「我對很多細節沒興趣，我只想了解上帝是怎麼想的。」愛因斯坦在尋找上帝創造宇宙時的想法，可以說是整個宇宙大劇場背後的劇本，一旦能掌握這個最終的物理定律，就能了解宇宙當初是怎麼被創造出來的，進而洞見宇宙間一切千變萬化現象的由來。而霍金的「宇宙學」提出「無邊界假說」，他說宇宙無論在時間上或空間上的範圍都是有限的，但沒有一個絕對的邊界。他的「蟲洞理論」認為我們身邊，到處都是蟲洞（時空隧道），透過它能穿越其他時空。蟲洞

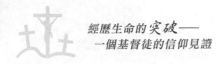
又稱空洞，是宇宙中可能存在連接兩個不同時空的狹窄隧道。愛因斯坦也提過「蟲洞理論」，他和霍金皆認為透過蟲洞，可以做瞬時的空間轉移或時間旅行。

霍金說：「我們可以截獲一個蟲洞，然後將它擴大數兆倍，足以讓一個人甚至是一艘太空船從中通過。或許還可以在宇宙中，製造出巨大的蟲洞，星際旅行就可以經由蟲洞實現。」依據霍金的說法，蟲洞的寬約只有 10 的負 33 次方釐米，就是 1.0×10^{-33}cm，小數點後 30 多個零，所以「蟲洞型時間機器」只是理論假設。科學家的任務就是提出很多假設，然後去證實假設的存在。「疑問是科學最基本的態度之一，批判是科學最基本的精神之一。」也就是說「疑問」和「批判」是科學最基本的態度和精神。霍金一生沒有得過諾貝爾獎的原因，是因為他的理論無法證實。

人有五覺感官和靈覺

2021 年 12 月 6 日神說：「人不相信有靈，如何相信有神？」很多科學家不相信靈的存在，霍金不相信有來生，也不相信有上帝，他認為上帝只是一個概念，而不是真實存在。人一旦相信有神，人將成為渺小的存在，人的有限對比神的無限，不但無法相互比較，且已高下立判。這是高智商的科學家不想面對的事實，他們提出更多的假設，

為了證明他的論點正確，而且禁得起考驗。以神學的觀點，相信有神必然相信有靈，因為神是個靈，靈界身處四度空間。

　　人是造物主特別的創造，神吹了一口氣，人成了有靈的活人，而人在神所造的三度空間裡擁有身體，一旦死亡，靈離開了，就將身體遺留在三度空間裡。因此即使蟲洞再小，靈仍然可以穿越，而且來去自如，根本不需要把蟲洞弄大，就能在時空隧道間往返來去，速度快地難以想像。四度空間是超越時間和空間的存在，唯有靈可以在三度空間及四度空間穿梭。我們不知道宇宙中究竟有多少個像地球這樣的三度空間存在，但是我們知道，離開了三度空間就進入了四度空間，而四度空間是靈存在的地方。

　　神特別賜予人「靈」，能夠與祂溝通。人是靈、魂、體組合而成的，靈有靈覺、魂有魂覺（五覺感官）、體有肉體的知覺，人因為有靈覺所以可以和靈溝通。神是靈界最高層，天使（包含撒但及 1/3 墮落天使）在中層，而人在最下層。《聖經》上說，神造天使和人，人比天使小一點，神和天使有靈、魂，但是沒有身體，人類有靈、魂和身體。

神給人和天使自由意志

　　神給人和天使自由意志，都是能思考、有感知能力，

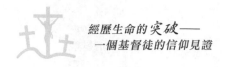
能作出選擇和判斷。天使的智慧和能力都高過人，2/3 好的天使跟隨神，而 1/3 壞的天使跟隨撒但（天使長）背叛神，成了神的對立面，牠們的智慧和能力當然遠遠不及神，但是天使的智慧及能力又遠遠超過人，所以能夠在三度空間掌控人的心思意念及行為。我們看不見靈，並不表示靈看不見我們，人的視覺受限於速度，快速移動就看不見了，因此我們難以作出超越感官的描繪。有科學家認為，兩個物體是可以佔據同一個相同的空間，而不察覺到對方。也就是實體可以穿越實體，出現在別的地方，相信空間裡可以存在著，看不見或察覺不到的東西，《聖經》一直都這樣說。

　　《聖經》記載先知以利沙曾看到，天上的戰車團團包圍多疇這座城，天使天軍就在亞蘭人的戰車上方。神有時給人恩賜，讓人見到所不能見的，並看到那些早已存在的靈界，平時我們不能察覺的，必須等神開了我們的眼睛，才能看到真實的情況。事實上，神一直在我們身邊，生活、動作、存留都在乎祂，四度空間就在身邊，只是我們沒有察覺到。

天就是四度空間的方位

　　對於四度空間的靈界，其實人類一直知道它的存在。

不論任何民族、部落都有屬於自己的神靈傳說，人們用很多方式想要知道神靈的旨意，例如：占卜、通靈、邪術……等，與靈界的靈溝通，也透過各式各樣的祭典，來討神靈喜悅，期待保守平安，不降災禍給人。

原始人類就知道向天祈求，那是神靈的居所，神是高過我們的存在，因此我們才會向天祈求，而天就是四度空間的方位。靈可以用極快的速度在三度空間及四度空間中穿梭，人其實並非全無知覺。每個人都會做夢，而夢境有時便是四度空間的具體呈現。在夢裡完全不受時間和空間限制，夢裡完全沒有時間序，因此過世的人會出現在夢裡，而呈現的時間點也不一定是現在，可能是過去，也可能是未來。

夢境來自靈和魂的不同

我是容易做夢的人，常常覺得睡著是一個世界，夢醒又是另一個世界；因為夢中的人、事、物經常重覆出現，像是回到某個情境中。我會做一些比較奇特的夢，感覺不是出於自己。2022 年 5 月 10 日神說：「夢境也有來自靈和來自魂的不同。」我能感覺到來自靈的夢境中，身體更為自由，我可以一彈跳就碰到天花板，在空中翻跟斗，像坐在快速穿梭的鞦韆上，在空中盪來盪去，以為要撞上房子

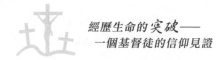
了，卻總能很奇妙的穿越，在夢中盡情享受靈裡的自由，沒有任何東西能攔阻我的去路。這種感覺比起遊樂園的速度感，更加令人愉快且舒暢。我很喜歡這樣的夢境，彷彿身體裝上了隱形的翅膀，能在天上飛來飛去，無限寬廣且暢行無阻，想去哪就去哪，自由自在無拘無束，旁若無人的盡情享受我的快樂。每當身處在這樣的夢中，都想要多停留在這種狀態中，像個無憂無慮的孩子，享受被某種力量帶領的快感。

這樣的夢境在我信主之後出現了幾次，我必須說在我信主前和信主後，或許屬靈狀況不同了，夢境的內容也改變了。信主前的夢境，比較常有恐懼或憂慮，常著急地在夢中醒來。而信主之後，尤其是近幾年的夢中，已經很少有負面情緒，取而代之的是驚奇有趣的夢，夢境的改變是因心境改變了。

那些像記流水帳一樣的夢是來自魂的夢，經常重覆且大多是日常生活中的鎖事，很快就忘了夢到些什麼？但來自神的異夢就完全不一樣，異夢必然是有含意的夢，即使過了再久也不會忘記，一旦提起便栩栩如生，彷彿再度放映一遍，這便是來自靈的夢和來自魂的夢，最大的不同。我留意神給的任何訊息，因為若是預告性質的夢，就必定是有事要發生。我是一個情感十分軟弱的人，預告性的夢往往有先幫我打預防針的效果，等事情發生時，會恍然大

悟，少些後座力，這是神疼愛我的方式。祂用祂的靈來保守我的靈，讓我知道祂一直都在，日夜守護著我，我的靈也敏銳感知神的靈，在我生命中的指引。

夢是再平常不過的日常

自從我有記憶以來，做夢就是再平常不過的日常。大腦是能夠不斷製造出夢境的工廠，或許淺睡易夢比較能記住夢境，我不介意做夢，它是那樣自然的存在。常言道：「日有所思，夜有所夢。」但夢境顯然遠遠超過這些，有時是想都沒想過，也沒聽聞過的，也會出現在夢中，因此對於探尋夢的來源，一直有著很大的興趣。維基百科對夢的解釋：夢是人在某個睡眠時段中，所產生想像中的影像、聲音、思考或感覺，通常是非自願的。人們尚未真正理解夢的內容、機制和作用。但是自從史前時期開始，夢就是哲學和宗教感興趣的話題，也產生了許多有關的科學猜想，研究夢的科學稱作「夢學」。

在現代，夢被認為是潛意識溝通的管道。夢的內容可能非常普通、正常，也可能極度超現實主義風格。夢可以有各種不同的主題，包括恐懼、興奮、憂愁、愉悅、冒險或者是性。夢中發生的事件，並不受做夢者的控制，除非是處於「清醒夢」中，做夢者會擁有自我意識。有時候，

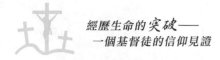

夢會讓人產生創造力，或者給予人靈感，人們也相信夢能預言未來。記住夢境的能力因人而異，做夢不會影響睡眠，除非是身體發出的警訊，夢境的內容太可怕、太緊張，會讓人驚醒。若發現自己全身發汗、心跳加速，感覺精疲力竭、壓力大，甚至是情緒低落，那就建議要去諮詢醫師了。

對靈比較敏感的體質

我在傳統信仰的家庭中長大，對於神靈並不陌生，我們從小拜到大，拿香拜拜表示敬意。在小的時候，我也會和同伴一起去觀看作法事的場子，但我的體質似乎比較敏感，站一會兒就會頭昏不適，必須回家躺在床上臥床休息許久。我在拙著《經歷生命的奇蹟》一書中有提及，接受基督信仰之後，參加一次全人醫治特會時，聖靈入住我的體內，我感覺有一股氣在我的體內，時而追逐、時而暫停，攪擾了一整夜。之後我被攪擾了整整三天的時間，有靈在我身上彰顯，臉上會不自主地扭動，身體會被一股力量牽引往後倒，我對此情況無能為力。

在我身體裡，長期被許多的靈佔據，我在聖靈進入後，才知道牠們的存在，牠們被聖靈追逐，但是仍不願意放棄地盤，不斷攪擾我。因而請牧師和傳道合力，為我驅逐了兩個多小時，才趕走所有邪靈。我一直知道靈界是真實存

在的，而且就在我們生活的周遭，甚至可以影響並支配我們的生活，改變我們的生命。神賜給人「靈」能與祂溝通，人也因為有靈而能夠與「靈」溝通，我生命中有幾個印象深刻的經驗，至今不能忘記。

大姨媽來家中作客

記得我十來歲時，有一次突然夢見大姨媽一個人來家中作客。她總是身穿旗袍，長髮梳成包頭。但是當我進房間拿東西，看見躺在床上午睡的她，卻是燙過的短髮且顯得凌亂。當我醒來後，告訴媽媽這個夢時，媽媽馬上掩面痛哭說：「那她走了！」果然不久，就接獲大姨媽凌晨五點多過世的消息。不久前媽媽才北上探望住在加護病房的大姨媽，返家才沒有多久，只說是不明原因陷入昏迷，經送醫急救後，一直找不出病因，無法處置。非常奇妙的是，多年不見的大姨媽，已將頭髮剪短並燙髮，但我不知道，因為那些年她忙著帶孫子，因此已經很多年沒到我家來了。

突然夢見她來找我們，我原來是非常開心，才急著告訴媽媽，沒想到媽媽竟是放聲大哭，原來大姨媽是來道別的。大姨媽過世時只有 48 歲，而我最後看見她躺在床上睡覺的畫面，正是她在加護病房裡頭髮凌亂的樣子。可是在當時，我並不知道她的情況啊！因何能在夢中呈現？這在

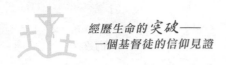
我心中一直是一個問號？

祖母開了房門走進來

　　我的祖母很疼愛我，再加上小時候我就和她同睡一房，因此有著很深的情感。祖母 51 歲就守寡，日子顯得單調無聊，在我們同睡的那段日子，我總愛問東問西，而她自稱清朝人，告訴我許多她的陳年往事。我們相差半個世紀，而我對半個世紀前的年代，興趣盎然，我最愛看她坐在古老的梳粧台前，身手俐落的將一頭長髮挽成髮髻，更羨慕她的一頭烏黑長髮。

　　祖母臨終時，我已結婚生子，因為距離遙遠，沒能來得及見她最後一面，心中非常遺憾！在祖母頭七那個晚上，我正在哄孩子入睡，耳朵明明清楚聽見做法事的聲音，但是我看見祖母開了房門走進來，而我知道她已經死了。我抱著祖母痛哭，並且還和她說話，她告訴我，要我爸爸近日多留意安全，我告訴她要保佑我爸爸的平安。一切非常的真實，我擁抱她的感覺，宛如生前一般，是令我十分難忘的經驗。我記得當時並沒有睡著，只是閉著眼睛，懷抱著孩子入睡。影像是如此清晰，尤其是祖母開房門走進來的那一刻，心中是有些許驚訝的，但我是如此愛她，心中沒有絲毫恐懼。我仍有自我意識，還能在明知祖母已經死

亡的情況下，要求她保佑爸爸的平安。事後我也將祖母的提醒，告知了我的爸爸，要他多留意自身安全。

根據瀕死經驗者的說法

我的大姨媽和祖母都是在死亡後，以靈的狀態進入我的靈裡，如果不是藉由靈與靈，我們用什麼溝通呢？因為人類有靈，所以能和靈溝通，在瀕死經驗的人身上有很多證據。雷蒙‧穆迪是醫學博士也是心理學博士，他是研究瀕死經驗的專家，搜集了非常多患者的瀕死經驗，他說：「最讓我驚訝的是那些說法都非常類似，儘管敘事者來自不同的宗教、社會和教育背景。」根據瀕死經驗者的說法：「他們發現自己飛快穿過一條很長的黑暗隧道，接著脫離了自己的身體。但是仍然在身體四周的環境中，在遠處看著自己的身體，觀看著醫師為他急救，試著救活他，且能清楚聽見醫師們的對話。接著發現自己飄浮在半空中，雖然已經脫離了身體，仍然覺得自己保有身體的形狀，卻是輕飄飄的感覺。那是不屬於任何形式的身體，有『純粹』的意識，卻不佔據任何空間。想對人說話，卻發現，人們不只是聽不到，也看不到他，他成了透明的，但是可以快速穿越任何空間，輕易地穿過四周的物體，但再也抓不到，任何想接觸的人或物體。」

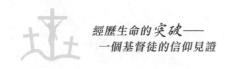

　　在靈裡的狀態，身體是透明的，沒有重量，但是感知和有肉體時是一樣的，甚至比肉體的感覺更加靈敏且敏銳。在靈裡的感覺似乎沒有了任何限制，眼睛可以看見任何想看的，而且不管在世界任何一個角落，發生了什麼事，都可以馬上去到那裡。在靈裡的狀態，知覺的接收，似乎只是感受到周遭人的「意念」，並不是由靈體們所說出來的「話語」。靈和靈是用意念溝通，不用言語表達，就能知道彼此要說什麼或在想什麼。

　　之後遇到其他靈體，可能是生前認識或不認識的人，但都是已經往生的人。然後會遇見「光的存有者」，且不由自主地朝著「光體」方向去。他們會看到一個光體，光體會和靈體交談，也是直接用意念，因為並沒有聽到那道光的聲音，也沒有以話語回應光體。他們是以直接、沒有任何障礙、心靈感應的方式交談，因此不會有誤解，也不會有說謊的機會。在這無礙的交談中，甚至不是用人自己的母語，但是當下完全明白對方的意思。那光讓人像跑馬燈似的回顧自己的一生，像放映影片一樣，回憶一生，非常快速。一輩子所做過的事，在回顧裡一覽無遺，從最瑣碎的事到最重要的事。之後，他們似乎臨到某種邊界或界線，當要越過時，會遇見去世多年的親人阻擋去路，示意：「回去吧！」

　　接下來，瀕死經驗者就回到自己的身體裡面。總之，

不管他們願不願意，就是回來了！每一個擁有瀕死經驗的人都確信，人的靈能夠脫離肉體，而存在於另一個超越時間、空間的時空中，那是和三度空間全然不同的四度空間。

多數科學家相信造物主

一直以來，宗教都說有靈界的存在，而科學至今無法證實「靈」的存在，因此有人認為宗教和科學是無法並存的。事實上，相信宗教的科學家並不在少數。許多太空人去了太空返回地球後，感想是：「我比以往更加信仰上帝了。」「有朝一日，我要盡我的可能把生命獻給基督。」當他們看到了宇宙的一小部分，認為宇宙沒有造物主是絕對不可能，因此更加相信，宇宙萬物必然有位創造者，在浩瀚的宇宙中，即使有那樣多的星球，仍然井然有序，按著自己的軌道行進，像是被安置在特定的位置上。

實驗科學的始祖培根說：「一知半解的哲學思考，把人導向無神論，但是對於宇宙與哲學的深刻思考，卻必然使人歸向上帝。」而首先發現細菌的生物化學家巴斯德認為：「知識越多，信仰就越虔誠。」顯然我們不能用肉眼來斷定這個世界，因為肉體看不見的尚有很多，且超乎人的想像。發明大王愛迪生，一生擁有二千多種發明，他曾說：「科學和宗教是由同一根源而來的，其間絕不會發生

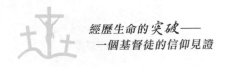

衝突。我相信我主的訓示，且人與物是由一個主宰來領導，世界的命運是由一位至上者來支配。我深信一位全智、全能，充滿萬有至高至尊的神存在。」

　　多年前，蓋洛普民意調查公布最近 300 年間的 300 位最著名的科學家是否相信「神」？結果相信者高達 92.4%，不信者僅有 7.6%，這其中幾乎包括所有曾對科學發展作出重大貢獻的科學家，這些科學家都相信造物主的存在。他們認為科學和宗教之間並非排斥關係，科學家們可以一方面探討世界的奧祕，一方面讚嘆神的偉大創造。宇宙萬物為什麼井然有序？豈不是宇宙間有一位造物主嗎？科學未能使我們立刻明白萬物的起源，但這些都引導我們歸向萬有的神面前。這些科學家們的信仰和見證，提供深陷迷茫中的人們深刻的思考：「我們是從哪裡來的？將到哪裡去？」身處三度空間的人對於自身所處環境，尚有太多不解之處。但可以確定的是：「宇宙絕不是湊巧、剛好、偶然的存在，而是刻意的安排。」

　　愛因斯坦說：「人類已知的是有限的圓，未知的是圓外的世界，是無限的。有些人認為宗教不合乎科學道理，我研究科學，只能證明某種物體的存在，而不能證某種物體不存在。我相信在自然界中，要保持著基本的平衡狀態，萬物秩序井然而和諧，宇宙不可能僅憑偶發的機率運轉，因此我相信『上帝必然存在』。」愛因斯坦一生獲得多個

諾貝爾獎，是因為他的理論可以被證實出來，最有名的「相對論」便是認為凡事都有對立面，「有正能量，就有負能量」，「真實對比虛幻」，「物質對比非物質」……無法勝數，而這些在生活中處處可見。

在夢境中得到靈感

我們住在一個有具體形體的物質世界，必然也有不具形體的非物質世界存在，這不是推論而是事實，雖然我們無法用具體的方式來證實神確實存在，但也不能證實神不存在。愛迪生發明了這麼多改善人們生活的東西，他如此相信神並信靠神，必然有其緣故；許多職業類別很需要靈感（受靈所感），豐富的想像力和創造力，常常源自「靈光乍現」，一瞬間的念頭；許多科學家和發明家，在夢境中得到靈感，獲得創新的想法，而成就了許多美事。事實上，我們不該忽視四度空間（靈界）的真實存在，我們很多能力、力量都源自於那裡。

幾乎所有的文明都有祭壇，代表人類對「大自然不可解釋」的敬畏和崇拜，也是人類很早期就設計的建築物。一般祭壇都位處高處，因為離天比較近，人們相信神的居所是在天上，因此設計了一階一階的樓梯可以往上爬，直到登頂最高處。而人類的科學知識，也像這樣不斷地往上

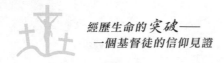
推疊，每往上一層才能窺見一層的風貌。人無法知道究竟要爬上多少層的階梯才能窺見全貌，要費多少力氣才能知道更多，受限於形體，只能一階一階往上爬。而神是個靈，祂在至高處看著我們，對於我們瞭若指掌，祂能輕易的從最頂端下來，告知我們所未知的一切，那是要有神的高度才能知曉的一切。

奉靠耶穌的聖名與寶血

中國人對於鬼神的態度，正如孔子所說：「敬鬼神而遠之。」告訴我們敬之而不親近之意。可見對於靈界，人類一直都是知曉其存在的，不然七月普渡就不會家家戶戶準備貢品，準備的很豐盛，卻又希望不要招來太多。中國的神也是人變的，鬼也是人變的，因為肉眼不能看見，是鬼、是神其實人也無法分辨。一般人相信神會幫助人，而鬼會傷害人，因此全部都拜「保平安」。

人對於看不見又確實存在的東西會感到害怕，心生恐懼是人之常情。我們對於看不見的細菌、病毒同樣深感恐懼，深怕它們近身，危害我們的生命。雖然我們知道不管是細菌或病毒，也有好壞之分，好的對我們有益處，壞的對我們有害處。靈界也是這樣，在泛神信仰裡，幾乎所有的靈都被稱為神，因此神並非都是好的。人們所拜的偶像

是因為有靈附在其上，至於靈來自何處並不知曉，然而拜假神對人並無益處，反倒往往會惹禍上身，我的親身經驗就是活生生的例子。

　　基督信仰教導人們如何分辨靈來自誰，獨一真神才是至高且統管萬有的存在，其他的靈都要臣服於祂，邪惡的靈見祂就會逃走。「奉耶穌的名可以趕除邪惡勢力，而耶穌的寶血可以破除所有咒詛」，讓轄制的得釋放，捆綁的得自由，趕走所有攪擾人的靈。靈界攪擾確實存在，不然就不會有這樣多的靈媒、道士、乩童、通靈者、術士以此謀生，可見邪靈仍是有勢力的，因此即使是邪靈，能力也高過於人，也有能力支配人，難怪令人心生畏懼。

　　特別要澄清的是，我非常討厭被視為靈媒、乩童那樣的通靈者，因為靈的來源完全不一樣。我領受聖靈的恩賜，能夠代為轉達神給予人的訊息，僅僅如此而已。差遣我的乃是正確的源頭，能夠真正稱為「神」的萬有造物主，是唯一能制伏撒但及其爪牙的全能神。耶穌不僅驅除邪靈，也教導我們不要再讓這些邪靈近身的方法，因此能根本解決問題。在不同的文化裡，邪靈有不同的稱呼，即使稱呼不同，邪靈的本質並沒有改變。以我個人自身的經驗，靈界真實存在，也確實參與我們的生活與生命，四度空間既然是超越三度空間的存在，就沒有什麼能夠攔阻靈的來去。不管信不信有靈界存在，所有人都無法逃脫這個原理之外。

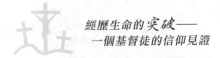
當一個人死亡、離開這個世界時，靈離開身體，能帶走的唯有靈裡的一切，而物質界的一切都帶不走，因為身處不同時空，需要也不相同。神創造了可以真實體驗的三度空間，我們在這裡經歷並學習未來所需要的一切，即使沒有了具體的身體，一切感知仍然存在，且能在四度空間裡使用。一旦離開三度空間之後，就會抵達四度空間，並在那裡度過永恆。

第 3 篇

面對屬靈爭戰

這個世界不只人終日為生活忙碌，屬靈的空間也十分忙碌，其中充滿著搶奪人們靈魂的戰爭，就是「屬靈爭戰」，屬世的成功和屬神的成功完全不一樣，一個選擇讓我們走向世界，而另一個選擇讓我們走向神，神並不想毀滅世界，而是人類選擇毀滅了自己！

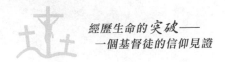

經歷生命的突破——
一個基督徒的信仰見證

傳統信仰中長大

我在傳統信仰的家庭中長大，村莊裡供奉三山國王，「賜福宮」是我們當地的信仰中心，村民全是信徒，除非是不信這個信仰的基督徒。

我的祖母非常遵守傳統禮教，因此家中經常要拜拜，除了逢年過節一定要祭拜外，祖先的生日、忌日也都需要祭祀，只是記念的人我全都不認識。

曾祖父那代從唐山來到台灣，曾祖父母育有四子一女，我的祖父是次子，上有一個哥哥和姊姊，下有兩個弟弟。曾祖父的四子一女中，只有我的祖父活到五十初頭，其他都早逝，在醫藥不發達的年代，要能活到六十歲著實不容易。我的祖父罹患糖尿病，這在當時根本無藥可醫，因此在我出生前祖父就過世了，而他的兄弟和姊姊都沒有活超過三十歲。所幸我的祖父育有四男四女，算是至少為家族留了後代。祖父將我父親過繼給已婚但一直未生育子女的大弟傳遞香火，據說他勉強撐到領養手續完成後才離世。

房子被咒詛

在我大約十歲左右，我的媽媽從算命師那裡迎回來一尊千手觀音。那是因為我的媽媽去占米掛，獲知家中房子

68

被咒詛，事後更在天花板上找到一個蒙面的布偶，這是咒詛人絕子絕孫的作法。這房子是我爸爸過繼後所居住的地方，為了庇佑爸爸長壽，因此媽媽花錢買回了這尊千手觀音，並且很敬虔的膜拜。

房子是曾祖父那輩所建造的，據說他比較吝嗇，因而得罪了蓋房子的師傅，所以對方才會放上布偶並下了咒詛：「這家男丁不長壽。」媽媽生下四個女兒，家中唯一男丁是我的爸爸，而幫我們蓋房子的師傅，就住在我家附近，他們三代單傳只有一個男丁，其他都是女的。師傅的孫子和我爸爸的年紀相仿，我們稱呼他阿伯。當我爸爸已生育四個孩子，而他尚未成家，後來他娶了一位結過婚、生過小孩的女人為妻，他的妻子懷孕足月生產時，卻因難產造成母子雙亡。當時他已年過半百，傷心之餘，便決定自己獨自過一生。

他的祖父咒詛我們家絕子絕孫，但至少我家有四個女兒，而這位咒詛人的師傅，反倒他才真的絕子絕孫。常言道：「防人之心不可無，害人之心真是不該有啊！」

奇異的開門聲

我的姑姑很相信靈界的一些祕術、算命、卜卦、收驚……等，還曾經為祖父觀落陰，當時錄了一卷錄音帶，

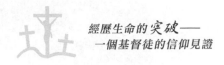

說是祖父的靈附在人身上和親人會面。當時因為常聽姑姑
說些玄妙的事，因此心中也並不害怕。不過有一回，大家
真是嚇破膽了。有一次爸爸媽媽不在家，姑姑就來家裡陪
我們睡覺，剛要入睡，就聽見有人想要開門進來的聲音，
姑姑以為是小偷，起來察看，發現上鎖的門關得好好的，
她馬上點了一柱香在公媽廳拜了拜，告知她回來是為了陪
伴我們。

那一天的開門聲，大家都聽見了，至今仍記憶猶新，
據姑姑說是因為她在家中留宿，祖先來打招呼了！我們一
直知道靈界真實存在，對於看不見的力量，感到既害怕又
好奇。

神祕遊戲錢仙

記得小學時，有一段時間同學之間流行玩一種神祕遊
戲──「錢仙」，使用的是一般的錢幣和我們自己繪製的
圖卡，針對我們要詢問的問題來設計玩法。我們幾個人一
起，將手伏在錢幣上，一起祈求錢仙降臨，有時很快、有
時很慢才能請到錢仙的降臨。我們知道這是一種另類的占
卜方式，不用去找人算命、卜卦，自己就可以進行，因此
很快就造成流行。

人有天生的好奇心，越是不知道的事，越是想要知道，

卻忽略了它的危險性。流行了一段時間，我們聽說有人因為玩錢仙，精神失常甚至送命，大家才害怕不敢再玩。據說是「請神容易送神難」，有些人玩這種遊戲被鬼魂糾纏，導致身心靈受到傷害。因為它是一種與鬼神進行對話，以詢問方式來得到答案。**當我們把手按在錢幣上，錢幣就會滑動，有時快、有時慢，錢幣滑到了答案卡就會停下來。**姑且不論靈不靈驗，但是幾個人輕輕伏在錢幣上，錢幣就會滑動，速度或快或慢，顯然不是我們所能控制的，對我而言這是一個很奇妙的經驗。

西洋通靈板

現在我已經知道「碟仙」是源自歐美「通靈板」的一種占卜方式，可能起源於古代巫術，由留學生引進，將「西洋通靈板」改造，稱為「科學靈乩圖」在市面販售，掀起熱潮，傳遍中國大陸各地，一發不可收拾。當時政府為了破除迷信，還發出禁售令。少數人在參加了這類活動之後，會產生後遺症，症狀包括不自主的哭泣、憂鬱、嘔吐、產生幻覺、意識不清、昏迷，甚至造成自殺死亡，被認為是遭鬼魂附體引起。

當時流行的碟仙、錢仙、筆仙，是透過靈附體在物品上面而產生靈力，因此原本不會移動的物品，卻能移動自

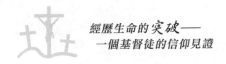

如，可見靈必須附在物品或人的身上，才能有所作為。巫術、法術在東方、西方皆有，男的稱巫師、女的稱女巫，都是藉著靈界的靈魂，來從事超自然的祕術。

中國民間的傳統信仰

「中國民間的傳統信仰」是融合了泛靈信仰、多神信仰、祖先崇拜及儒、道、佛三教的思想，並沒有統一的教義和經典，以老子「道德經」、孔子「儒家思想」，提供處世的道德標準。民眾遇到困惑疑難之時，往往求之於算命、卜卦、命相（手相、面相……）以求趨吉避凶、祈求平安。中國民間信仰中的「神靈世界」雖然複雜，但基本上可區分為天界、神明界、幽冥界的「三界觀念」。「天界」為天上眾神的居所；「神明界」即人間，也有許多神靈居此；「幽冥界」是指陰間或地府，為眾鬼以及管理鬼魂的冥王所居。

民眾有天神、地祇、物魅、人鬼等鬼神崇拜的思想，宮廟、神壇、家廟、宗祠則是人們的信仰中心，是人祭拜神的場所，也是神服務人的地方。傳統民間信仰偏重在神明的超自然能力作為，經常舉行各種祈禱、許願、祭祀、普渡、消災、解厄、補運、齋醮、法會……等活動，希望神明指點迷津與靈力顯現，來化解各種的生存困境，以求

取現實生活的具體利益與和諧。

民間信仰所崇拜的神祇，種類繁多且以人物崇拜居多，根據調查記載的主祀神多達 247 種，除 19 種佛教神、13 種道教神、20 種自然崇拜神、1 種庶物崇拜神，其餘 194 種都是歷史人物崇拜。民間廟宇普遍存在諸神合祀的現象，佛、道、儒三教及眾多民間神祇，往往同時供奉，平日信眾到廟裡拜拜抽籤，求取籤詩指點迷津，使用符咒、作法事、卜卦、算命、收驚……等，幾乎就是生活的一部分。因此從事這些職業的道士、乩童、算命仙、收驚婆……，有忙不完的事，他們往往是民眾的求助對象，因為他們可以借助諸靈的力量，知道許多一般人所不知道的事，並能預卜凶吉禍福，因而求神問卜的風氣，深深影響民眾的生活。

廟宇神壇比超商多

我在傳統信仰下長大，自動成為其中一員，其實並不清楚自己信的是什麼？我們知道自己身處在神、鬼、人混雜的世界裡，但是無法分辨鬼神的好壞，只好常常借助拜拜來保平安，因此什麼都拜，以表敬意和善意。

我們知道靈會附在物體身上，因此不管是人雕刻的偶像、人畫的畫像，或是自然界的一切物品，只要靈驗，就

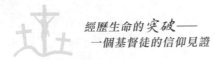

必然香火鼎盛，信眾絡繹不絕。有越多人崇拜的法力越強，庇祐的能力就越大，因此相信的人也就越多。每年的媽祖出巡，信徒是以百萬人計。台灣的廟宇、神壇加起來的總數，比便利超商還多。因為不只是求平安而已，求財、求子、求姻緣、求功名利祿、求病得醫治，求所有能求的，人慾望無窮，因此也越求越多。但是許願就需要還願，因此就有所謂的添香油錢、贈金牌、還借錢金。總而言之，有錢好辦事，連靈界的神鬼都需要多燒一些紙錢給他們。

通過修煉得道成仙

　　道教認為，人通過修煉，物質生命（肉體）可以得到延續，精神生命（魂魄）也可以得到昇華，最終成仙得道。在仙道信仰的追求中，非常積極地探索修仙的途徑。「得道成仙」在成仙之前，要先得道。「道」就是宇宙運行的規律和法則，仙人是有大智大慧者，因此學道、修道者，不僅要做到肉體的健康長壽，還要成為大智慧者，昇華精神（魂魄）、濟世利人、積功累德，以達到死後精神（魂魄）的永存。

　　為了減少世俗誘惑，修仙者往往在深山裡修煉。但是靠人自己單獨修煉成仙者並未聽聞，因此人死後仍要給他燒紙錢。這是道教或民間信仰的宗教習俗，至目前仍是東

亞傳統祭祀鬼神、祖先的祭品之一。在南北朝時期，就有剪紙為錢用來陪葬。

燒紙錢的習俗起源

燒紙錢的習俗，起源於中國人祭拜祖先的習俗，原本祭祖是為了悼念祖先的亡靈，祈求祖先保佑家族。然而中國傳統有「侍死如侍生」的觀念，因此人死後要如生前般的侍奉他，所以有給予金錢讓死者享用的作法。起初是以真錢陪葬，後因發生盜墓，才改以其他材料的假錢陪葬，到最後改為「燒紙錢」。由於中國的神明往往也是凡人變成的，所以既燒紙錢給祖先，也燒紙錢給神明。

一般認為燒紙錢的習俗，可能起源於道教燒符籙（符咒紙）的宗教儀式。在東漢正一道（道教）創始人張天師（張道陵）時代就有符籙，燒紙錢開始成為葬禮的一部分。在東漢之前的人，能有陪葬品的人非富即貴，陵墓也都能十分雄偉，顯示死者生前的身份地位，在死後也同享尊榮。金銀紙錢比實際金錢便宜得多，因此一般人開始多燒一些給死者，希望他在另一個世界過得更好，不需再為金錢愁苦。

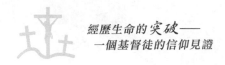
陰間出現超級通貨膨脹

燒紙錢基本上分為燒給神明使用的「金紙」，和燒給祖先們使用的「銀紙」。以台灣為例，北台灣、中台灣、南台灣流行使用的紙錢款式大同小異，但花色、名目卻不太相同。中國地區早已禁止焚燒紙錢多年，目前只剩其他的華人地區，仍然保持燒紙錢的習俗，因為不燒就怕無法得到保佑而失去平安。

近年來，有環保學者提出燒金紙會造成嚴重公害，危害程度不亞於二手煙，因此華人地區如香港、新加坡……等地方，已經出現紙錢的替代商品。現今有「陰間信用卡」、「陰間支票」，也有模仿如港幣、人民幣、新台幣、美金、歐元……等各國貨幣。紙錢「發行方」也被稱為「冥通銀行」、「地府銀行」、「極樂銀行」……等，面額通常很大。因此有人打趣說，陰間一定會出現超級通貨膨脹。

另一個世界仍為錢所苦

信仰基督教之後，才知道原來全球大多數人，根本不燒紙錢，而這些人的祖先，因何都不需要用錢？為什麼只有道教燒紙錢供亡靈使用，全世界的亡靈都不需要用到錢？難道他們去了不同的地方？道教信仰相信陰間也如陽世一

般，凡事都需要用錢來打理一切，一直燒紙錢給死去的祖先，表示他們所前往的另外一個世界，也仍然為錢所苦。

燒紙錢是活在這個世界（陽世）的人，為了到另一個世界（陰間）的死者，為了使他們日子過得好一些，而設想出來的方法。只是兩邊都要為錢愁苦的世界，究竟有什麼意義可言？

陽世陰間來來回回

傳統信仰中，人們相信會在陰間相會，因此有來生再作夫妻、親子……等的約定。如果陰間和陽世並沒有不同，都需要為金錢勞碌終生，靈魂在這兩處無止盡的相互輪迴，只是在這兩地來來回回，那真是苦海無邊啊！我們相信有血緣的親人，是上輩子的冤親債主，有來報恩的，也有來報仇的，這些都是我們在傳統信仰裡學會的事，沒有人感覺有任何不妥。

我們以為神鬼的世界和人的世界完全相同，不管是價值觀或待人處事上，這是我們所受到的教導。「人界」是有軀體的靈魂存在之處，而「靈界」是沒有軀體的靈魂存在之處，「人界」和「靈界」的差別，只是一個看得到，而一個看不見而已。有一些靈魂不去轉世投胎，逗留在這個世界攪擾人或傷害人，因此大家遇到事情，總會到處求

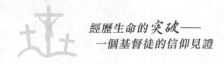
神問卜，想要找出問題所在。我們尋求能通靈者，來幫助我們了解問題所在，作為處理的依據。大家習慣「人界」的事找「人」協助，「靈界」的事找「靈」協助，我們相信所處的「人間」不僅有人，亦有許多神靈居此，因此有事就去問就對了。

明顯感覺到靈力的存在

我們身處的傳統信仰中，從小到大都會觸及靈界中許許多多的事，但是對於眼睛所不能見的事物會感到恐懼卻是人的本能。人們害怕黑暗，因為在黑暗中視線不清，周遭景況難以辨視，擔心自己遭害，是最大的恐懼來源。人界和靈界是我明他暗的狀態，我們看不見他們，而他們卻清楚看見我們。小時候對於這些未知的領域，會有想要探究的好奇心，因此明知錢仙的遊戲涉及靈的部分，卻仍然找人壯膽一起嘗試，直到聽聞有人因此受害，才開始懂得害怕，不再玩這個遊戲。但是從那滑動的趨動力，明顯感覺到「靈力」的存在。

在農曆七月出事

十六年前，我的先生出了意外事故，為了挽救他的生

命，幾乎是逢廟必拜，到處求神問卜，那是我這一生中拜最多的時候。他是在農曆七月出事的，很多不好的說法，讓我六神無主，而他的狀況也真的十分不好。我在自己無能為力之時，便想要尋求靈界的力量幫助，希望能翻轉結局。在我先生病危時，任何幫得上忙的都來者不拒，這是因何後來我的身體裡，存在了諸多邪靈的原因。

試圖潔淨房子

記得剛信主不久時，我和大妹曾經試圖在老家的神明廳，拿著《禱告手冊》想要潔淨房子，把邪靈趕出去，我被突然吹向我的怪風攻擊，但是從我身邊經過的小妹，卻絲毫感覺不到怪風。大妹也曾試圖這樣做，在趨趕之後的幾日惡夢連連。原來是我們家的千手觀音，來頭並不小，曾經被供奉在一個據說十分靈驗的命相館，香火鼎盛，因此附在其上的靈，恐怕不少。

我和大妹確實是太不自量力了，在一知半解的情況下，就憑血氣行事，並不是明智之舉。家裡的偶像直到父親也受洗信主之後，才由牧師帶領我們除去偶像和神主牌位，而我的父親在除偶像之前，身上竟然從頭頂到腳底長滿了紅色的皮疹，攪擾了他兩個星期的時間，所幸在除完偶像之後，他身上的紅色皮疹也逐漸消失。

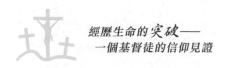

神不喜悅偶像

　　有一位姊妹和她的先生決定一起受洗信主，在信仰基督教之前，她的先生有搜集各種不同材質偶像的嗜好，家中擺放了許多偶像。既然決定歸入主的名下，神是忌邪的，因此開始進行家中除偶像的工作。原本以為已經全部清除完畢，不料，神竟在這位姊妹的夢中明確告知，還有一個沒有除掉。因此又再仔細重新搜尋一遍，不放過每個地方，後來果真在早已被遺忘的夾層櫃中找到，可見神是多麼不喜悅這些東西。

與神恢復關係

　　一個基督徒相信耶穌並接受「水的洗禮」，代表我們的靈與神恢復關係，而我們的魂（思想、感情、意志）需要使用「神的真理」，改變我們的價值觀和思維模式。我們的說話方式和生活習慣，也要跟著改變，才得以被醫治和恢復。我們的魂（老我）在神的靈介入之後需要改變，藉著神的話語、聖靈的指引，確實遵行。受洗是靈裡重生的開始，也是拋棄舊老我的重要時刻，而靈命的改變，需要神的靈介入幫助，才會有果效。

靈覺以直覺感知領受

神給人「靈、魂、體」，人因為有靈，因此能夠與神溝通。每個人都有靈覺，是以直覺的感知來領受，傳達給內心（良知、意識），人的魂覺是倚靠五覺感官（視、聽、嗅、味、觸）的感知能力，傳達給大腦，作出行動的指令。一個失去聽覺的人不會說話，是因為聾而造成的啞，事實上是因為感官缺陷無法獲得訊息，而人的身體受制於靈與魂，才能夠有所行動。

一般人以為靈和魂是合在一起，事實上是可以分開來使用的。我在說方言的時候，是用靈在說話，大腦是沒有功能的，因為靈能夠控制並使用身體，而越過魂（大腦）。靈也能使用魂，控制大腦的思維來行動，例如靈媒所表達的，並不是他本身的魂（大腦）所傳遞的訊息，而是他身上的靈所發出的訊息。也就是說「靈可以影響魂和體；魂可以影響體，不能影響靈；體沒有靈或魂，無法單獨行動。」

人的靈會受到神的靈、天使的靈影響，然而這些屬於天使等級的善靈與邪靈，可以使用靈力幫助人、傷害人或攪擾人。但是絕對沒有能力拯救人，因為拯救人是真正的神才有能力做到的事。在許多信仰中的「神祇」，其實只是「天使等級」，並不能稱為「神」，被邪靈轄制的人，唯有靠神的靈，才能帶領他脫離兇惡。

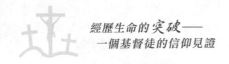

撒但引誘人離開神

　　撒但使用各種詭計引誘人離開神而跟隨牠，當初在伊甸園裡，亞當的靈、魂、體都是屬於神，也是倚靠神，和神之間有良好的信賴關係，但是後來他受到蛇（撒但）引誘，於是他的魂聽從了撒但，相信吃了分別善惡樹的果子，就不必再倚靠神，只要藉著自己、靠著自己的能力就能行事。撒但希望人的心中沒有神，再也不能倚靠神的力量行事為人，撒但就能取代神，控制人的靈、魂、體。神給人自由意志，並給人作選擇的機會，因此園子裡才會種不同的果樹，人是自由摘取使用的。而撒但並不如此，牠會轄制人，控制人的靈、魂、體，去行邪惡的事。神從亞當懂得說謊、欺騙之後，神知撒但已經入了他的心，因此將他逐出伊甸園，不能再吃生命樹的果子永遠活著。

　　亞當在遠離神之後，從此受制於撒但的管轄，他的歷代子孫成了越來不完全（正確）的人，而且越來越偏離正道，他們也聽從撒但的謊言，撒但逐漸成為這個世界的神。人受邪惡勢力的影響，有了犯罪的行為，但因為無神的約束管轄，所以這個世界迅速成了罪惡的溫床，一發不可收拾。從此人帶著罪性過生活，並且根植在人的本性裡，一代傳給一代，原本伊甸園的單純本性已不復存在。人類複雜、詭詐、多變的超乎想像，而且壞到極處。

大腦是神很奇妙的創造

　　人的魂是位於大腦的區域，是神很奇妙的創造，讓人有很好的模仿和學習的能力，只要是五覺感官正常的嬰兒，在生下來之後，便開始一生的學習之路。許多父母都覺得，小孩的才華、個性或行為是遺傳而來，但其實大部分都是孩子透過模仿學習來的。小孩在成長過程中，的確會觀察周遭人、事、物，透過模仿來養成行為模式和思考邏輯，漸漸發展出自己的個性及才華。於是我們會發現，孩子除了基因上的遺傳，生活上某些行為模式或才藝天份也和父母很像。孩子是在耳濡目染之下，被塑造而成，是經過不斷模仿得來的。

魂的能力透過模仿學習

　　人的魂的能力，主要是透過模仿和學習，在不斷地訓練中得來的。要分辨是來自靈的能力（不需經過學習，自然就會了）或是來自魂的能力（經過學習而學得的），並不困難。人的魂會受到神的靈和天使的靈（善或惡）的影響，神並不強迫人被祂所使用，因此人的意願很重要；而邪靈並不是這樣，牠會逼迫強制人去做，不會顧慮人的意願，由此就可知道，究竟來源是誰？

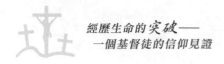

　　我聽過許多乩童的見證，在想要脫離這個工作時，都會受到邪靈很多的脅迫，不被允許離開，且會使用很多法術，來恐嚇威逼當事人，勉強他們繼續為其工作。最後都是要依靠耶穌聖靈，才得以脫身，不再受到攪擾。這是許多曾經擔任過乩童的親身見證，因為耶穌比這世界的邪靈要大得多，當人們尋求耶穌的靈來蔭庇之後，這些邪靈就不敢再近身，我也曾經有過這樣的經歷。

身體是神奇妙的設計

　　人的身體是神非常奇妙的設計，是一個十分精密且環環相扣、缺一不可的受造體，有些人寧願相信，天地萬物都是隨機產生的偶然，而不相信有造物主。這些隨機的組合，卻像是刻意的巧妙設計，究竟相信有造物主，和不相信有造物主，哪個比較容易？

　　生命的起源，一直是爭論不休的問題，當人類發現越來越多存在這地球的物種，在看似複雜卻又井然有序的食物鏈裡，其實就是神豐富的供應。人在食物鏈的最上層，可見神對人是何其疼愛且照顧有加，人因為什麼都能吃，也會使用許多方法來增加食物來源，因此現今地球有八十億的人口，仰賴各種物資來生活。

來自父方和母方的基因

　　每一個人都是從母親的腹中孕育而產下的，身體裡帶有來自父方和母方各半的基因，有顯性基因、也有隱性基因，在這其中也傳遞了遺傳的疾病，有的遺傳甚至要隔代或隔多代才會顯現。我們無法選擇父母，當然也無法選擇疾病，但是我們可以選擇相信神，因為祂是一切的製造者，祂自然能解決，來自靈、來自魂、來自身體的各種問題。

　　我們知道透過血緣、基因、遺傳，會導致人的靈裡、魂裡、身體裡，產生許多需要醫治的問題。我在先天上遺傳到家族性的憂鬱症，35 歲那年，因為諸多壓力而發病，在床上翻了一週難以成眠，想起媽媽憂鬱症發作時的焦慮症狀，便到精神科門診求助，服用藥物的效果很好，症狀很快就獲得改善。我的媽媽是強迫症，而我是焦慮症，我們服用的是同一種藥物（樂復得），都是和血清素不足有關。造成血清素不足的原因有飲食、壓力、體質（天生）等因素，藥物能較快補足需要，我有先天血清素缺乏的問題，因此靠藥物來補充，維持生活一切正常。憂鬱症有輕、中、重的分別，大部分都是輕度，只要服用少劑量的藥物就能解決。

　　42 歲那年，因為先生出意外，家庭發生變故，三種原因加總起來，症狀很快從輕症轉為重症，之後身體狀況起

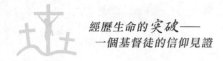

起伏伏。45 歲那年面臨中年失業，症狀極為嚴重，多次因服藥過量而送醫急救，屢屢有自殺的念頭。在當時，服藥效果很有限，再加上有嚴重的睡眠障礙，夜晚常令我感覺害怕。那一回很明顯，不只是魂（大腦）的問題，還有靈（邪靈）的問題。耶穌為人趕鬼（邪靈），那是因為人的裡面附有諸多邪靈，因此必須將邪靈趕除，病才得以痊癒。一個人的內心，必然有許多破口，因而給了邪靈可趁之機，內住在裡面，這是靈的問題，就必須用靈的方式來解決。我也是經歷過才知道，靈能控制魂和體，而內住在我裡面的邪靈，可能是日積月累而來。

神所憎惡的事

今日想起過去，就會覺得小時候玩錢仙招來邪靈，是多麼愚昧的行為，那些邪靈趕都來不及了，竟然還邀請牠們進來，難怪當時很多人會出事。所有人造的偶像，都附有很多邪靈，因邪靈必須附在物品或人身上，才能有所作為，讓人感覺牠們的存在。《聖經》上說：「不可偏向那些交鬼的和行巫術的，不可求問他們，以致被他們玷汙了。」（利未記十九章 31 節）神是忌邪的，祂也希望祂的子民不要去接觸這些。

「你們中間不可有人使兒女經火，也不可有占卜的、

觀兆的、用法術的、行邪術的、用迷術的、交鬼的、行巫術的、過陰的。凡行這些事的，都為耶和華所憎惡，因那些國民行這可憎惡的事，所以耶和華，你的神將他們從你面前趕出。」（申命記十八章 10-12 節）神特別強調，不可使兒女去行這些事，以我小時候的經驗，我們的行為都是透過模仿學習得來的，身處的環境中，父母不僅不阻止還鼓勵去做，自然是上行下效，累世累代都有同樣的問題。

拜的不是神而是鬼

我是進入基督信仰之後才了解，因何要除偶像和祖先牌位，以我們所相信的輪迴信仰，祖先早已不知輪迴到何處去了。我們每日用香來敬拜的，卻是附在其上的邪靈，就是我們常稱的「鬼」。邪靈容易攪擾人，很多家庭拜很大卻沒有平安，是因為拜的不是神而是鬼。人的肉眼無法看見「靈」，因此招來了些什麼，自然也不清楚，但人要趨吉避凶也要有方法。真神的靈是一切至高的主宰，遠遠勝過天使的能力，即使撒但的罪惡權勢，也難以和神的力量相抗衡。

大多數的人們，無法分辨能力來自誰？撒但也裝作光明的天使，牠是偽裝大師，也能扮成好的模樣，樂意幫助人解決問題，但那並不是正確的來源。牠背叛神、敵對神，

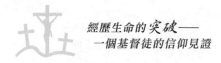

完全和神是相反的方向，神是正確，牠就是錯誤；神是光明，牠就是黑暗。「神就是光，在祂毫無黑暗。這是我們從主所聽見，又報給你們的信息，我們若說是與神相交，卻仍在黑暗裡行，就是說謊話，不行真理了。」（約翰一書一章5-6節）所以神是真理（真實）而撒但是虛偽（謊言），清楚可辨，一旦神的光照耀，黑暗便只能退去，沒有存在的餘地。

邪惡勢力佔上風

　　現今世界因何如此醜陋，是因屬靈的氛圍，邪惡勢力佔了上風，屬誰就像誰，所有心思意念與行為舉止，全都來自影響我們的邪惡勢力。

　　人的靈受到邪靈的左右，而神的靈並不左右人，而是給人自由意志作出選擇和判斷。以聖靈九個特質來說，神是正面特質，而撒但是負面特質：

九個特質

1. 「仁愛」反面是「冷漠」
2. 「喜樂」反面是「沮喪」
3. 「和平」反面是「懼怕」
4. 「忍耐」反面是「煩躁」

5 「恩慈」反面是「憎恨」

6 「良善」反面是「邪惡」

7 「信實」反面是「虛偽」

8 「溫柔」反面是「暴力」

9 「節制」反面是「放縱」

　　當然來自撒但的還有更多行為特質，例如驕傲、嫉妒、猜疑、恐懼、自私、貪婪、悖逆、仇恨、傷害……等。人當然不是生下來就會這些，這是人的魂靠著模仿學習得來的，只要身處在這個屬於撒但權勢的世界，很快就可以學會這些，而且熟練的使用，因為我們的身體更喜歡屬撒但的一切。撒但只使用了「金錢」這種東西，就能掌控整個世界，為了「利益」能夠交換出「良知」，為了「貪婪」能夠交換出「道德」。「金錢」往往是雙面刃，人的生活離不開它，也受制於它，而它能為人帶來想要的一切，除了「生命」和「健康」。

屬靈爭戰真實存在

　　神國的教導正好和這個世界不一樣，耶穌說：「富人難進天國」，這是因為金錢使人產生了更多的慾望，而這些慾望足夠讓我們忙碌終身，但是在生命的盡頭卻是一點

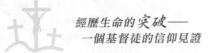
用處也沒有，甚至因此帶著更多的罪惡離開。這個世界不只人終日為生活忙碌，屬靈的空間也十分忙碌，其中充滿著搶奪人們靈魂的戰爭，就是「屬靈爭戰」。神很恩待我們，讓我們不能看見不該看見的東西，如果我們的眼睛能夠看見細菌和病毒，我們還能安心平安度日嗎？

屬靈爭戰真實存在，就像細菌病毒一樣真實存在。神造萬物都有一定的道理，包含我們今生的境遇會是如何？神希望我們都能到祂的國裡去，但是撒但不樂見，因為自從撒但背叛神，與神對立倒行逆施開始，牠和牠的同夥便再也和神的國無絲毫關係。牠原先來自那裡，但是自從墮落被趕出之後，牠的選擇便已經確定，牠們的終局是在地獄裡，就是永遠與神分離。神絕對不會允許不潔淨的靈，在祂的國裡存在，因此人非聖潔無法進入神的國。

我們生活在這個世界上，總希望和好人相交，而不希望和壞人有任何關連，這是因為惡行會傷害人，而且有時並沒有任何緣由，只因為牠高興，傷害人覺得快樂而已。我們在這個世界學會趨吉避凶，這是因何傳統信仰中，有許多人經常要去問？迷信的有之，受到攪擾的也有。神和善靈是不會傷害或攪擾人的，善靈是供神差遣的僕役，只奉差遣行事；而神是愛的來源，愛是不加害予人的；因此唯一的來源，必定是邪惡的靈。只要從人的各種惡行惡狀，就能知道邪靈是何等模樣，因為邪靈是這些人的靈魂導師，

並且支配著人的身體，為其行事。

奉行撒但的旨意

　　人從起初就犯罪，亞當和夏娃的歷世歷代子孫，聽從各種的邪惡權勢來行事為人，這個世界因為爭競造成紛爭，為搶奪利益而拚的你死我活。自從人與神的關係漸行漸遠，目中無神恣意妄為開始，就走向背離神的道路，撒但欺騙人們「神不存在」，無論怎樣胡作非為，都不會受到懲罰，盡情享受罪中之樂吧！受罪引誘的生命更加符合人性，人天生就是喜歡自由、不喜歡約束，而神竟然制定十誡，來要求我們遵行！屬於撒但的信徒，可以把十誡中的「不可」全部拿掉，換成「可」，「當」全部拿掉換成「不當」，那就是撒但的旨意了，因為撒但和神是完全相反。

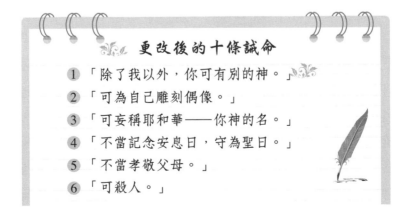

更改後的十條誡命
① 「除了我以外，你可有別的神。」
② 「可為自己雕刻偶像。」
③ 「可妄稱耶和華──你神的名。」
④ 「不當記念安息日，守為聖日。」
⑤ 「不當孝敬父母。」
⑥ 「可殺人。」

⑦「可姦淫。」

⑧「可偷盜。」

⑨「可作假見證陷害人。」

⑩「可貪戀他人之物，並他一切所有的。」

看看這些完全違背神的撒但旨意，是多麼符合人性，現今世界有越來越多的人奉行不渝。撒但果然很會為人設想，你覺得呢？這樣的世界，你覺得會更好嗎？在撒但的國裡不需要律法，每個人都可以如入無人之境，愛怎樣就怎樣，怎麼做都不犯法，因為「錯的才是對的，而對的反而是錯的」，你弄明白了嗎？不明白也沒關係，跟著撒但的世界行，就會全部變成這樣。

在這樣的世界，要當壞人，別當好人，因為不懂得「偷」、「拐」、「搶」、「騙」就太不上道了。壞還要更壞，才更令人看得起，而且都不會吃虧，只會佔人便宜；這個世界不需要為人設想，只管自己就好，自私自利才是王道，無私奉獻是笨蛋，因為沒有人會感謝你；這個世界只要你喜歡就沒什麼不可以，自我中心也是王道，因為每個人都是這樣，不是這樣才奇怪。你可以活得大搖大擺，驕傲才能顯出能耐有多大，拳頭要夠硬，個頭要夠大，狠勁要十足，心腸要夠硬，就能活得十分安適自在了。我沒有說反話，反而都是真話，這世界的人們，從鏡中看見反

照的自己，就是這等模樣。選擇跟隨撒但的人，必會成為牠的模樣，你將會追隨撒但到底，牠的永恆去了哪裡，你將也去了那裡。

邪靈就如盜匪一般

撒但是三度空間的主要控制者，牠在被驅逐出神的國時，就墜落在這個世上，並且長期盤據此地，成為這個世界的王。神身處四度空間，但是三度空間也是屬祂掌管的範圍，祂是宇宙的主宰，也是創造者，祂有能力掌管每一個祂所造的生命。神給天使和人自由意志，並不主動干涉每一個人的選擇和決定，除非我們將自己的生命主權，願意交由祂來掌管。

「福音傳給願意相信的人」唯有願意相信神的存在，才能讓神內住在心裡面。神的靈必須受到邀請，才會進入我們的生命中；撒但的靈則往往不請自來，而且難以趕走。因此屬神的人，要經常宣告生命的主權，才能夠斥退邪靈，不敢越雷池一步。邪靈的權勢和能力，不是靠人自己的能力，能夠克服解決的問題。邪靈就如盜匪一般，強佔人的內心，並不在意人的感受，牠們是靈，能來去自如，人的靈對牠們無能為力，因此人必須仰靠正確的力量，來保守自己的心思意念。

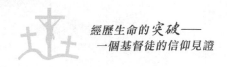

好牧人願意為羊捨命

「**盜賊來，無非要偷竊、殺害、毀壞；我來了，是要叫羊得生命，並且得的更豐盛。**」（約翰福音十章 10 節）這是耶穌給我們的應許，祂是好牧人，願意為羊捨命。我們若成為祂的羊，祂必認識我們，牧人認得羊的聲音，羊也認得牧人的聲音。我是耶穌的羊，祂深知我的心，而我也全然信賴祂，我很喜歡這樣的關係，在主的看顧保守下，安心的生活在與主親近的生命裡。

認識屬靈爭戰

《聖經》中清楚表明，基督徒可以從《聖經》中「認識屬靈爭戰」，如何擺脫邪靈的捆綁。邪靈力量會影響人，控制人的思想，引發不良的行為，並帶來疾病，人的靈、魂、體都會受到影響。當邪靈被趕出去時，需要一些東西來「代替」牠們，以免牠們再回來，用來填滿邪靈原本佔去的空間，最好的內容物，就是「聖靈」和「神的話語」。聖靈會引導我們進入真理，賦予力量，並為我們代求，也會賜下屬靈恩賜，聖靈即是神的靈，也是耶穌的靈，是為了拯救我們而內住心中的同在。

一個人無法靠自己來拯救自己，當一個人感覺自己無

依無靠時，才會有倚靠神的想法和態度，「需要」正是神願意介入的動機，也是一個人蒙拯救的機會。耶穌是位良醫，祂會從最有需要的人開始救起，「需要」就是神蹟的第一步，而我個人的經歷確實是這樣。我們認罪悔改需要真誠，求耶穌赦罪、潔淨，成為我們生命中的救主，並接受聖靈為我們施洗。聖靈會賜予力量，使我們克服仇敵的束縛和影響，我們將會得到自由與釋放，並經歷神所賜的豐富，過充實有意義的人生，得享神所賜的平安和喜樂。

耶穌進行內在醫治

我們知道透過基因、血緣、遺傳，會導致人的靈裡、魂裡、身體裡，產生許多需要醫治的問題。我們的內在要得到醫治，必須藉由聖靈的幫助，聖靈能引導我們進入問題的根由，了解問題的所在，由耶穌來進行內在醫治。

在「內在醫治」的過程裡，聖靈會詳細鑒察，我們生命中過去的經歷，透過智慧的言語、知識的言語、辨別諸靈以及預言的恩賜，作為診斷的工具和憑據。聖靈賜下恩賜成為有力的能力，使用者必須動機純淨，為了帶給人全人的醫治，是為了他人的益處。神作工在人身上，必定用神自己的力量。聖靈的工作，從來不是人可以插手的。神作工是藉由聖靈做工，所有的能力必須是從神而來，醫治

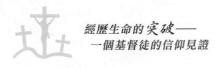
的能力必須來自耶穌。當然有真的就必有仿冒的，人的魂也能從模仿別人而來，例如：「說方言、作異夢、見異象、說預言，若不是從聖靈而來，就可能是從魂而來。」但唯獨聖靈做的工，才是有益處的，不然都不能達到我們的靈裡去。一切醫治的大能，完全來自耶穌，而不是個人。

穿戴全備軍裝

其實每個人都會面對屬靈爭戰，當然為主工作的人，特別容易受到攻擊，撒但使用各種方法，來製造各種阻礙或困難，讓事工難以順利推展。因此每個從事神的事工者，都要穿戴全備軍裝。

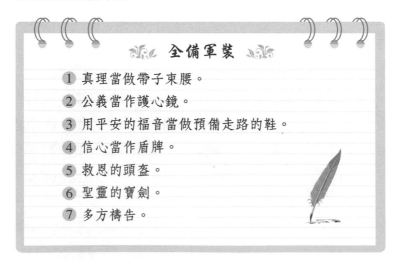

全備軍裝

① 真理當做帶子束腰。
② 公義當作護心鏡。
③ 用平安的福音當做預備走路的鞋。
④ 信心當作盾牌。
⑤ 救恩的頭盔。
⑥ 聖靈的寶劍。
⑦ 多方禱告。

　　七件法寶：「真理」、「公義」、「平安」、「信心」、「救恩」、「聖靈」、「禱告」。這是為主作工，必備的利器，必須倚靠這些才能站立得住。

聖潔的三部曲

　　一個人的靈會受到神的靈、天使的靈（善靈和惡靈）、自己的靈所影響；而一個人的魂，也會受到這三者影響；同樣地，人的身體也同受這三者的影響。即使是從事神的事工的人，如同一般人一樣，同受這些因素的影響。「自己所做的事，自己當然知道。」人的心必然知道自己受制於誰？而且聖靈也必然時刻提醒，因為我們藉由聖靈來作神的工，除非聖靈因為我們的心已經偏離，再也不是屬於祂，不再聽從於祂，否則祂的同在必然是不離不棄的。

　　厭惡罪可以使我們對罪污、對不討神喜悅的事保持極度敏銳。聖潔的事奉是建立在厭惡罪的性情上，而「親近神」、「厭惡罪」、「順服神」是聖潔的三部曲。只要持續地遵行，就能與神的聖潔有分，建立聖潔的事奉，愛的事奉才是最美妙的事奉。

耶穌醫治得痊癒

我們從小到大，經歷無數的事，遇過無數的人，我們的原生家庭、在家庭裡的角色，往往是最初創傷的來源。每個來到這個世上的孩子，都是希望被珍愛，但是家庭中的愛、恨、情、仇卻又屢見不鮮。我們必須承認，在各種關係中，如親情、愛情、友情或家庭、職場、社會中，往往會在「受害者」、「迫害者」、「拯救者」三種角色中游移，隨著不同的狀態，不停地輪換位置，這是人們為了生存，發展出一套防衛機轉。

我們經常知道自己的內心受傷了，但有時不明確傷在哪裡。在內在醫治的過程中，耶穌醫治我們的全人，也就是靈、魂、體同得痊癒。我在《經歷生命的奇蹟》中有描述自己接受醫治的過程，在此不再詳述，但必須一提的是，每個受傷的人在被醫治的過程中，在被神觸摸時，會忍不住的哭泣，有的會大聲嘶吼，將內心的悲傷抒發出來。

一瓶滿溢的水，是再也裝不進任何內容物的，我們的身、心（魂）、靈也是這樣。當我們內心充滿了負面的情緒，必須完全倒空，才能注入新的正面的內容物。內在醫治就是這樣的一個過程，耶穌的靈深知我們需要被醫治的部分，祂必然會驅除不該屬於我們的東西，尤其是各種轄制內在生命各種的靈。我們乃是藉著以下的禱告來破除咒

詛：「奉耶穌的名，並憑藉祂所賜的權柄，破除所有咒詛，命令邪靈立刻離開，求主耶穌賜下寶血，來遮蓋這一切。」

人的身體有自我主權

　　人的靈、魂、體本是屬於自己的，卻有可能被邪靈使用，而去做一些不好的事，但是人的身體是有自我主權的。魂（心）雖是最複雜的部分，也是最難駕馭的部分，因它支配了行為，讓身體去執行所有的事。趕走邪靈容易，但是要趕走被污染的魂，要花更多的力量，因為我們的心和肉體容易軟弱，往往心裡想的和行出來的並不一致，這也是屬神的人，最不容易做到的部分。若以「表裡如一」、「言行一致」來衡量一個人，就會發現很多人，明知當如此，卻不容易去行。

　　「正直、良善、信實」是屬神者最基本的要求，但是現今世界實在越來越少，因為我們在這個屬邪惡權勢的世界，並不是如此教導我們。我們想要得到好處，反而常常要反其道而行才適合生存。這是因何世界必然走向滅亡的原因，因為每個人追求的是「好」，而不是「正確」。我們的教育體系，教導我們如何正確的為人處世，但是我們身處的世界，卻又教導我們要背道而馳，才能得到想要的成功。

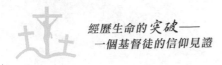
　　這是一場「屬靈爭戰」，屬世的成功和屬神的成功完全不一樣，一個選擇讓我們走向世界，而另一個選擇讓我們走向神，神並不想毀滅世界，而是人類選擇毀滅了自己！

第 4 篇

合神心意的器皿

當我願意成為神任何形式的器皿，神無形的手便在我的身上動工。器皿本身是由神來賦予價值與意義，神視每個器皿都寶貴，一個合神心意的器皿，是要在耶穌基督的模塑下，活出新人、新生命、新性情、新價值觀、新生活，讓人看見一個人在基督裡的改變。

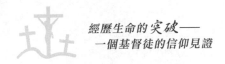
生命中最重要的一本書

轉眼間，耶穌走進我的生命，由祂來掌管我的人生，至今已有 13 年的時間。原本就喜歡看書的我，自從認識《聖經》，發現這正是生命中最重要的一本書。在我一開始接觸基督信仰時，因為生命的困頓與艱難，心中充滿各種負面情緒。當時教會姊妹教導我使用《詩篇》來禱告，因此在《聖經》中我首先頌讀的便是《詩篇》。《詩篇》有多種功能，這是用來表達內心感受，以及歌頌讚美的禱告，對我這個尚未學會禱告（向神說話）的初信者而言，真的獲益匪淺。

我喜歡研讀《聖經》，也抄寫經句，作為隨時的幫助。我原本就對文字特別有感覺，特別能從文字（文章）得到感動，喜歡記錄文字，也喜歡使用文字，漸漸地竟成為我和主心意相通的管道。我在抄寫的過程中，一開始只是單純覺得，這些對我一生很重要，所以努力把它記下來，我並不知道神會使用我對文字的喜好和能力，寫出個人信仰的見證。

寫下個人信仰見證

開始有將之前所寫下的個人信仰見證，彙集成書的想

法，是在 2017 年一個離奇的事件之後。當時，我深夜在高速公路上開車，原本只要四十分鐘的車程，卻迷航成四個小時，能夠平安無恙、歷劫歸來，完全是神的奇妙作為。自從大難不死之後，我想要藉著自己的親身經歷，讓大家了解我所相信、信靠的神，是怎樣的一位神！

因此我在 2019 年出版《經歷生命的奇蹟》，2021 年出版《經歷生命的道路》，2022 年出版《經歷生命的突破》。這些是我和主一起完成的書，寫作主題全部都是主所定，寫作過程也受到主很多的引導與幫助，尤其是其中有很多神的話語，並不只是對我說，而是對所有人說，我只是轉達了神的話語而已。當我陸續出版了兩本信仰見證的書籍，在異象中看見還有第三本，我忍不住好奇的求問神。

活出你的命定

直到有一個晚上，睡前禱告後將要入睡，忽然有「活出你的命定」這樣的話語（意念）傳給我，原來是神的提醒。我立刻起身，到書架上尋找，因為自己對於這個書名有點印象，果然找到《活出你的命定》這本書。當初買這本書，是因為我一直很好奇，自己究竟會成為什麼樣的器皿？神在我的身上有何命定？坦白說當時並沒有看懂，因此雖然看了，卻沒有什麼印象，且書上的重點線寥寥可數，

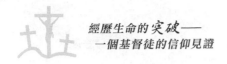

還以為自己沒有看完！神真是深知我心的主，這本書購買很多年，我早已遺忘它，若不是神的提醒，我可能不會再翻閱它，但是在此時看它，正是時候。

在購書當時，有許多事未曾經歷，也有許多事未曾明瞭，因此看不懂書中要傳達的訊息。我會在書本上劃重點，也會把認為重要的部分抄寫下來，以方便日後找尋、避免遺忘，能夠有跡可尋。沒想到多年後再次翻閱這本書，竟然完全看懂了，且劃了滿滿的重點線，原來是神用這樣的方式，來回應我的困惑。這正是我目前所需要的，想要知道自己是什麼樣的器皿，以及神在我生命中的命定。

願意成為神的器皿

當我願意成為神任何形式的器皿，神無形的手便在我的身上動工。器皿本身是由神來賦予價值與意義，神視每個器皿都寶貴，一個合神心意的器皿，是要在耶穌基督的模塑下，活出新人、新生命、新性情、新價值觀、新生活，讓人看見一個人在基督裡的改變。

在一開始被神呼召時，並不知道要用什麼方式服事主，但神知道如何使用我的個性、喜好、特長及經驗。自從認識主以後，經歷很多奇妙的事，就以自身經歷為主寫見證，因為自己經歷過，因此更能同理有同樣經歷的人，有機會

時也幫助有同樣處境的人。現今我願意接受神的呼召和差遣，成為神所喜悅的器皿，事奉祂。

異象中看見無形的手

我曾經在一個異象中，看見有一塊小白板，不斷寫出字來，字體是繁體中文。一支筆寫得飛快，有一個無形的力量，好像會擦去所寫的字，但是字又一次次的快速寫上，我努力要看清是寫些什麼，但是字實在出現的太快、又消失的太快，只看見不斷被寫上的中文字，直到畫面消失。

我忽然想起，為什麼只看見那支顯眼的筆，而沒有看到寫字的手？這個奇妙的異象，讓我相信那隻無形的手（右手），一直幫助著我，不只在寫作上，也在其他方面。

一個紙盒的異象

我也曾看見一個異象，有一個紙盒，只裝了部分的物品，還有很多剩餘的空間。那次是在談論有關聖靈恩賜時，神給我的畫面。我從不主動尋求恩賜，因為恩賜是為神事工的需要而給予的，我領受恩賜，但並不刻意尋求，唯有在需要使用時，聖靈才會主動賜下。恩賜的給予，必然有神的旨意在其中，神呼召我們作主工，不會不給裝備的。

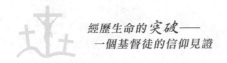

獲得屬靈恩賜

神能從結果看起點，也能從起點看結果。祂是超越時間、空間的存在，一切都在祂的掌握之中。「神的奧祕」正是人們不能理解的部分，而神在不必要時隱藏，在有需要時顯現。神陪伴著我，神總在我需要時，告訴我如何裝備自己，讓我知道該知道的，才能有信心地往前走，不帶著憂慮和懼怕。

當我閱讀《活出你的命定》這本書，心中確實感到震撼！我獲得「異象」、「異夢」、「預言」的屬靈恩賜，是在領受聖靈充滿之後不久開始發生。我說方言的經驗很奇妙，前一刻還不會，下一刻就能說出十分流利的語言。這其中並不需要學習的過程，這是我完全降服於神的原因，除非是神所賜的禮物，才會在之前沒有，之後突然就有了。

方言禱告主要是為了幫助我們，在禱告時遇到困難，或不知如何禱告時使用。聖靈會幫助我們禱告，所以方言禱告時，大腦是沒有用處，就是不需要思考，那是靈與靈的交通，講說各樣的奧祕。神是全知全能的存在，我們若為不熟悉的人禱告，就使用方言來禱告，因為神比我們更了解他的問題，以及所需要的幫助。方言就是語言，語言就是要說出來才能傳遞訊息，使說的和聽的能夠相互溝通，彼此之間更為了解，我和神之間透過方言，建立了心意相通的管道。

神的計畫和目的

　　「異象」不只是看見而已，因為它的運作超越單純的「生理視覺」；異象不是察看目前發生的事，它讓我看到還沒有發生的事，並且把這件事放在我的心思意念裡；異象發生在一個已知的目的，是對未來驚鴻一瞥的窺見，來呈現未可知之事的畫面。我在三本書中，記錄了許多這樣的「看見」，這是來自神，而不是來自我自己，我只是一個普通的人，和一般人一樣，只是神給了我看見異象的能力。

　　「異夢」也是一樣，那是在入睡之時，「異象」則是在清醒之時。人的生理節奏，不是清醒就是睡眠，我們受限於時間，而神不受時間限制，祂用不同的方式與受限於時間的人類溝通。神所行的事必然有其計畫和目的，且是朝著明確的目標方向前進。神為每個人設計特定的位置，我們的性格、本質、位置都經過明確的設計，以實現神要每個人完成的工作。

　　我知道神會陪伴我經歷一切，直到達到目的，完成神命定的那一天。在我的生命中，如果有更多出乎意料之外的事發生，是不需驚訝的！已經設定終點的神，正在陪伴我從起點走向終點，而神掌握一切，祂是一切的主宰，更是掌管我生命的主。而我要做的只是「親近神」、「等候

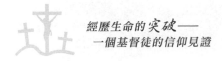
神」、「領受神」、「順服神」、「信靠神」，堅固持守
在主裡的信心。神選擇與祂同工並與祂同行的人，這一點
主權在神，而不是在人。神自有祂的計劃，以及對於我們
生命的藍圖，而我們要在生命的終點，才能知道全貌。

超自然恩賜

使徒保羅勸勉我們：「我憑著所賜的恩，對你們各人
說，不要看自己過於所當看的，要照著神所分給各人信心
的大小，看得合乎中道。正如我們一個身子上有好些肢體，
肢體也不都是一樣的用處。我們這許多人，在基督裡成為
一身，互相聯絡作肢體，也是如此。按我們所得的恩賜，
各有不同。或說預言，就當照著信心的程度說預言；或作
執事，就當專一執事；或作教導的，就當專一教導；或作
勸化的，就當專一勸化；施捨的，就當誠實；治理的，就
當殷勤；憐憫人的，就當甘心。」（羅馬書十二章 3-8 節）
保羅所提及的「預言、執事、教導、勸化、施捨、治理、
憐憫」七種本性恩賜，是原自人本性的「自然恩賜」。

「恩賜原有分別，聖靈卻是一位；職事也有分別，主
卻是一位；功用也有分別，神卻是一位，在眾人裡面運行
一切的事。聖靈顯在各人身上，是叫人得益處。這人蒙聖
靈賜他智慧的言語，那人也蒙這位聖靈賜他知識的言語，

又有一人蒙這位聖靈賜他信心，還有一人蒙這位聖靈賜他醫病的恩賜，又叫一人能行異能，又叫一人能作先知，又叫一人能辨別諸靈，又叫一人能說方言，又叫一人能翻方言。這一切都是這位聖靈所運行，隨己意分給各人的。」（哥林多前書十二章 4-11 節）保羅所提及的「智慧的言語、知識的言語、信心、醫病、行異能、作先知、辨別諸靈、說方言、翻方言」這九種恩賜是聖靈的恩賜，來自神的「超自然恩賜」。

神賜下各種恩賜

在初代教會，神賜下各種恩賜，是聖靈運行隨己意分給人的，這些恩賜是為了推展教會事工，所以大家都是獲得恩賜的肢體。神所揀選與差遣的人，屬靈的權柄自然從他身上流露，聖靈要彰顯自己，就必須透過被祂充滿的人。因為聖靈是神的靈，人的肉眼看不見，耶穌升天之後，聖靈降臨在為主作工的基督徒身上，這些人都是在耶穌離去之後，再度被聚集，持守信仰、為主傳福音的人，其中包含 12 位使徒和一直跟隨耶穌基督的人。他們在五旬節時被聖靈充滿，開始說起各地方言、鄉談，讓人以為他們是被新酒灌滿了，因為大家開始大膽講論福音。

神說：「在末後的日子，我要將我的靈澆灌凡有血氣

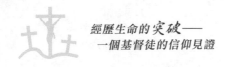
的，你們的兒女要說預言，你們的少年人要見異象，老年人要作異夢。在那些日子，我要將我的靈，澆灌我的僕人和使女，他們就要說預言。」（使徒行傳二章 17-18 節）這是聖靈澆灌下來之後，在人的身上產生了力量，讓人放膽傳講真道，因為有神的靈同在，再也不膽怯懼怕邪惡勢力、罪惡權勢。聖靈潔淨了人的靈，堅固了人的心。

恩賜是恩典的禮物

我們認識耶穌也是透過聖靈才得以成就，聖靈不只停留在整個屬靈的殿裡，也盤據在每個信徒的心中。聖靈降臨是天父賞賜的「超自然現象」，也是給為主作工的人「某種特殊的能力」。屬靈恩賜是「恩典的禮物」和「神所賜的能力」，某些屬靈恩賜似乎與特定的人有關連，因為神會按需求和環境賜下必要的能力。萬事的運行與進展，不只是根據可見的部分，也包括不可見的部分。不可見的「靈界」，會參與可見的「物質界」，其實並不罕見。超自然的力量與人的靈、魂、體接觸，人能被聖靈充滿就足以證明這點。聖靈的內住，讓我們真實地經歷神與我們同在，人越聖潔就越多的能力和祝福，神喜悅和那樣的人同在。

神呼召並揀選具有這些生命特質：「忠心、順服、謙卑、溫柔、良善、誠實、殷勤、守紀律」的人，來與神同工，

成為合乎主用的器皿。神操練祂所揀選的器皿，常常從跟隨開始，事奉的器皿必須回應主的呼召，並緊緊跟隨神的腳蹤行，且能聆聽聖靈的聲音與察覺聖靈的感動，順從聖靈引領而行。事奉者只是聖靈所使用的器皿而已，能力在乎聖靈，當事奉者被聖靈充滿，聖靈的能力就藉著他彰顯出來，使他能夠顯出能力的事奉來榮耀神。我們因著聖靈成為聖潔可蒙悅納，有聖靈同在的人，必能顯出美好的生命，且是行在正確的道路上。

聖靈充滿的方式

聖靈充滿的方式，一般來說分為「滿有式聖靈充滿」（福音派）與「澆灌式聖靈充滿」（靈恩派）。「滿有式」是由內而外，「澆灌式」是由外而內。「被聖靈充滿」是能夠具體感知到聖靈的同在，能夠明顯感知神的靈，充滿我們的身體，介入我們的心靈。恩賜是聖靈特別給的禮物，當我們願意事奉，或為了事奉上的特別需要，聖靈會賞賜特別的恩賜，使原來沒有的才能，或原本不明顯的才能，特別顯出能力與果效，這就是聖靈的恩賜。「因為聖靈是超自然的，所以聖靈恩賜也是超自然的。」每一個基督徒，都可以請求屬靈恩賜，但主權在神，無法強求，有就是有、沒有就是沒有，不要因此嫉妒別人或和他人比較，神所賜

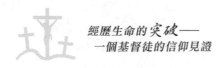
的聖靈恩賜是為了主的事工，因為服事人不能單靠人自己
的力量，更需要神的力量。

　　恩賜是神給人的屬靈兵器，神差遣人來作工，必定會
提供裝備，用來幫助服事者，能與神同工。　靈可以使用人
的身體來行事，聖靈是靈、邪靈也是靈，因此彰顯在人身
上的能力，也有可能來自不同的源頭，但是屬誰就會像誰，
並不難分辨。神是聖靈恩賜的源頭，恩賜是從神來的，沒
有其他途徑，人只是神的器皿，為了讓人得益處，讓神得
榮耀，人與神同工，人得不得醫治是神的工作，主權在神。
能夠與神同工是很美好的事，神作神的部分，人做人的部
分，在同一件事上合作同工，為一個目標共同努力，這是
神賜予人恩賜的主要目的。

聖靈的九種恩賜

　　聖靈的九種恩賜，是由神所賜，而不是由個人選擇。
一個人會獲得哪一種恩賜，是與他將服事的工作有關的能
力，因此要經常使用所獲得的恩賜，這是神模塑和操練我
們的兵器。恩賜既然是神所賜予的超自然能力，就當善用
恩賜，在事奉上得到幫助，恩賜可以領受神很多的祝福，
也可以祝福很多人。

　　在初代教會時期，為了福音的擴展，聖靈澆灌在很多

人身上，保羅常詢問人受了聖靈沒有？因為他領受聖靈的諸多幫助來推展事工，也深知聖靈帶給人極大的能力，是人原本沒有的能力，因為聖靈澆灌在人身上，經由不斷地被聖靈充滿，聖靈能在人的身上動工。保羅顯然是領受聖靈恩賜的受益人，他是講說聖靈最多的使徒。在《哥林多前書》第十二章、第十三章、第十四章，對於領受聖靈恩賜有很多教導，談及每個人使用恩賜的態度，如何妥善使用恩賜的方法和正確的心態。

關於聖靈的九種恩賜，在教會牧者的教導下，我有了清楚明白的認識，這對於使用這些恩賜時很有幫助。

1. 智慧的言語：求神賜下智慧，在不清楚方向時，依靠神的智慧，作出最正確選擇，並且仰望主，順服聖靈引導去行。對於協談、輔導的事工很需要。

2. 知識的言語：一般知識是透過學習、教導而來，但是神所賜的知識的言語是沒有被教導，但就是知道，那是從神來的訊息，即使不知道的人，也能說出他的事。做醫治釋放時很需要。

3. 信心：聖靈恩賜的信心，是神的信心在人裡面，因此能深信神的應許，對於神有堅定的信心，信心產生神蹟！

4. 醫病：呼求主醫治，手按病人得醫治，來到主面前求醫治，確信得醫治，耶穌醫治人的身、心、靈，但是醫治的權柄在神。得不得醫治，主權在神，而不是施行的人。

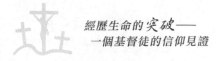
5. 行異能：是由口發出命令，事情就能成就，透過身體的一些動作，認為不可能發生的事，非常奇妙地發生了。瞎眼看見、聾子聽見、瘸腿行走、死人復活。

6. 作先知（預言）：先知是神所揀選膏立的，常常得到從神而來的啟示、話語、心意，因為領受所以說出來。神對先知說話的方式，有時直接面對面來對人說話（意念），有時是令人心中有感動（默示），也藉由異象、異夢、預言來說話。先知性預言，說出啟示性的話語、說出警告性的話語、說出能夠印證的話語。先知必然能聽見神的聲音，且能明白神的旨意，是作預言性的服事，能夠見證神的作為。先知性講道，是對人說「造就」、「安慰」、「勸勉」人的話。

7. 辨別諸靈：人的靈能夠分辨神的靈、善靈、邪靈，分辨異端、邪教、假先知、假教師、敵基督。能夠感知聖靈運行或邪靈彰顯，擁有靈敏的靈覺。

8. 說方言：聖靈所賜的口才，說方言能使靈命成長。方言是「天國的語言」、「愛的語言」、「禱告的語言」，方言有「對人說的方言」，說的人或許不懂，但是聽的人懂了；方言有「對神說的方言」，是聖靈講說各樣的奧祕，是對神說，所以人聽不懂，就連撒但也聽不懂。方言的性質：爭戰性方言、造就性方言、代禱性方言、啟示性方言、敬拜性方言。

9. 翻方言：不是事先想好的話，而是直接源源不絕的說出
   人能夠聽懂的話，翻出人所聽不懂的話語。

神的話語與教導

當神的話語在相近的時間點接連出現，必然是在講說
有相關連的事。

2021 年 7 月 11 日神說：「寫書是為了見證主的道路、
真理和生命！」

7 月 12 日神說：「福音傳給願意相信的人，靈命交給
願意成長的人！」

7 月 20 日神說：「好與對，要選擇對，對的道路是正
確的。」

7 月 23 日神說：「有 1% 的機會就該去做，因為 1%
可以救 99% 的人。」

7 月 25 日神說：「沒有你的經歷的人，沒有資格對你
說三道四的。」

7 月 26 日神說：「人選好的，神選對的！」

8 月 9 日神說：「人可能長得像，但是內涵不一樣！」

8 月 25 日神說：「有一種人，最愛自己，愛自己勝過
別人；有一種人，不在乎自己，愛別人且過自己，你要當
哪一種人？」

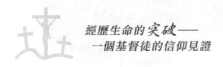

9 月 2 日神說：「不是固執是堅持，不是堅強是剛強，不是勇氣是膽識，差別在於智慧！」

9 月 3 日神說：「不是工作，是使命！」

10 月 10 日神說：「禾場沒有範圍，屬靈恩賜也沒有範圍！」

10 月 19 日神說：「靠人多一點或是靠神多一點，你選擇哪個？」

當神不斷對我說話，正是有任務給我，只是我對自己要做什麼並不十分清楚，需要等待神更明確的指示。

救命的繩索丟給他人

2022 年 1 月 13 日神說：「從失去盼望的人開始救起！」我永遠記得有人將救命的繩索丟給我，現在換我將救命的繩索丟給他人。人生在世，從來不是容易的事，各人有各人的難處，因此不只需要人的幫助，更是需要神的幫助。神既然已經應允從失去盼望的人開始救起，人的意願很重要，因為這往往能翻轉結局。我們破碎的生命，唯有耶穌能修復，祂希望我們在靈、魂、體都得康健。人求醫治和信心有關，要有得醫治的渴望，以及迫切的需求，並將眼目定睛在神的身上，就能見到神的作為。當然醫治的權柄在於神，是由神來主導一切，是神的意願，而不是人的意

願。神有權利憐憫誰就憐憫誰，恩待誰就恩待誰，得到醫治要心存感謝，未得醫治也不要抱怨。

我們的回應也往往影響神的作為，不要限制神的作為，要求神怎樣來醫治，醫治是神的旨意，人並沒有干涉的餘地。在一場醫治特會中，有人得醫治，有人卻是沒有，有時也不是一次就得醫治，有時要經歷幾次才得醫治，一切由神掌管，我們的一切在神的手中。神所行的事，人是無法行的，神才知道怎樣的安排對我們才是真正的有益。至於神要如何行？為什麼這樣行？人並沒有能力理解神的作為，但是擁有屬靈恩賜者，必定要時時求問神，由聖靈來帶領使用恩賜，才能按照神的旨意行。

神的呼召與使命

3 月 2 日神說：「如果你總是一樣，就表示你並沒有成長！」神期待我們在主裡不斷成長，逐漸擁有基督的身量，講說福音才有說服力，不僅在話語上，在行動上都能說服人。一個人唯有願意順服神，生命中才能有突破和成長，順服不只是思想與意志的降服，乃是心靈與生命的認定，因此我要選擇放下自己，順服神的旨意行。

3 月 19 日神說：「合神心意的器皿是用來佈道的！」原本以為我的命定，只是用寫書的方式，為主傳福音，沒

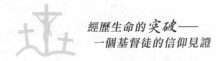

有想到神不只要我動手也要動口，需要使用佈道的方式來傳福音。我曾經參與短期宣教，身處陌生的地方，在街頭傳福音訊息，邀請人來參加佈道會，因此我懂得佈道是傳福音的進一步行動。我一向順服神的旨意，神怎麼說，我怎麼做，但是這回了解任務的重大與艱難，也不確定自己是否能勝任這樣的事工。我的內心十分忐忑，只能求問神更明確的指示，盼望得到來自神的印證。

大衛・鮑森牧師接受呼召

大衛・鮑森牧師曾說：「在我生命中的某一天，神呼召我，祂的預定開始實踐，採取主動的是神。祂預知、祂預定、祂呼召，然後我才回應。我回應並接受那呼召，直到此刻，我才有行動，與神合作。當呼召臨到時，我知道神在對我說話，並留意到這是祂要做的，越是了解這是神的工作和祂的旨意，就對未來的事越有把握。但是為主所召的人要留意兩件事：

1. 世人論斷你的話。
2. 世人對你做的事。

世人會用難聽的話論斷你，也會對你做出無法解釋的事。誰會阻撓神所揀選的人呢？許多人會、魔鬼會、世界會、肉體也會。只要我確信為神所召，就沒有任何事物可

以攔阻我，凡事都會幫助我，凡事都會為我效力，叫我得益處，因為我是按神旨意被召的人。」大衛‧鮑森牧師是我最敬重的啟蒙導師，他的話語常給我很多力量，他是與神同工，合神心意的器皿，生前在服事上很有果效，是一位用愛心說誠實話的榜樣。

連續做了兩個異夢

　　3 月 21 日那夜，我連續做了兩個有含意的夢。第一個夢境，夢見自己在學校教書時的場景，新接的班級，學生話很多，意見也很多，而且我行我素。身為老師的我，忙得不可開交，眼見就要放學，很多事還沒搞定，心中又氣又急，夢就醒了。夢醒之後，明白夢的含意，神在對我說話：「每個人都是從菜鳥教師，成為經驗老練的教師，這個部分沒有捷徑。」回想我的教學生涯，能夠帶領好班級，是我付出很多心力來達成的。神在鼓勵我，只要用心就能夠把事做好，要對自己有信心。

　　第二個夢境，則是和朋友在談論有關佈道方式傳福音這件事。朋友努力說服我，佈道需要很多的人力、物力，不是一個人的力量可以做到的。我告訴朋友，若是神給的任務，祂必定會有妥適的安排，我也可憑此來印證，是否來自神的旨意。我會再向神求印證，不會衝動行事，一切

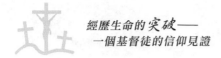

必須是在神的計劃之中。夢醒之後，明白自己對事工的態度，我承認自己仍然在意他人的觀點，在意別人怎麼看我，以及對於我行事的批評和指教。雖然我知道自己要更多的是聽神怎麼說，而不是聽人怎麼說，在各種情況下，聽神說都比聽人說來得容易太多，因為神的話語明確，而人的意見很多，看法各不相同。

2022年3月20日神說：「我是來講真理，不是來講道理；真理是屬神的，道理是屬人的。」神的真理是正確，人的道理可能是「好」但未必正確，因為道理往往是人們約定成俗，受到文化、環境、日常生活……等因素影響而妥協的結果。

3月26日神說：「讓壞人成了好人，好人成了對的人。」神和人的標準並不相同，屬神的子民，除了要講道理，更要追求真理，做正確的事。

3月26日神說：「很多牧者講道，總在外圍打轉，而不深入核心。」傳福音的重點，是希望為神的國度多找一些人，願意被拯救的人。

3月26日神說：「神給的突破任務，是要扭轉風氣。」這是一個不容易執行的任務，不倚靠神的大能，人的力量無法抗衡。現今社會風氣不佳，由來已久，網路訊息無遠弗屆，人們沉淪的速度飛快，深陷其中無法自拔。我相信在主沒有難成的事，而我靠著那加給我的力量，凡事都能

做。我也期待神更多的介入幫助，以提升我的信心，能完成神所賦予的任務。

完成神差遣的任務

有一位姊妹正飽受憂鬱症所苦，我們原本並不相識，在一個偶然的機會裡認識，我願意和她聊一聊，希望對她有幫助。在和她面談前，我禱告尋求主的幫助，因為憂鬱症患者十分敏感，言語要十分小心，以免安慰不成反傷了她！一般患者的睡眠狀況不佳，心情的波動起伏會比較大，我是過來人啊！完全理解那樣的痛苦，坦白說憂鬱症的患者在身、心、靈都出了狀況，焦慮感強烈的時候，躺在床上翻來覆去不能成眠，常常睜眼到天明，而且十分不喜歡夜晚的到來，因為夜難成眠是十分痛苦的事。生活上很多方面都受到影響，容易有想不開的念頭，因為精神狀況不佳，肉體上也十分疲憊，對自己很生氣，對環境很失望，漸漸失去對生命的盼望。

見了面之後，我聽她訴說著面對疾病的徬徨，不知道自己何時能好起來？她是一位有信仰的姊妹，但是還沒有從信仰中找到支持的力量。我知道這位姊妹需要一段時間的陪伴，而我經過多次印證，確認是神差我來幫助她的。我是神的僕人，聽從神的差遣，主權在神，我只是被祂所

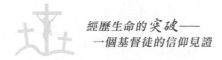

差的人，有時人不能察覺神正在介入她的生命中，要拯救她脫離苦難。我將一切交在全能神的手中，懇求祂來成就這一切！

我們在多次面談中，回溯她生命的過往，回到壓垮她的那個點，她必須真正釋懷，才能得著醫治，而人心靈上的軟弱，必須信靠神得到剛強。在陪伴她的那段時間，遇到溝通上的困難，我就為她禱告，求主來幫助，而主也總是立即回應我，並且清楚點出問題的所在。在一段時間之後，她果然領受到主的幫助，對信仰的信心也更加堅固了。

主在差遣我幫助這位姊妹的過程中，操練我「智慧的言語」和「知識的言語」兩種恩賜。對於這位陌生的姊妹，主當然比我更了解她，因此在我和她見面之前，便提點了幾個關鍵字，讓我能很快進入狀況，並掌握到重點。動工的是主，而我只是祂使用的器皿，有些事是當事人不說，我也不會知道的事，但是主在事前已經給我話語。我有記錄神話語的習慣，當我拿給她看時，她十分驚訝！那正是她心中的想法，也是猶豫很久說不出來的話，既然破了題，一切進行當然順暢多了。在這件事上，我領會了：「主做主的部分，我做我的部分，合一同工。」是怎麼回事了。

教會邀約見證分享

我獲邀到一個教會作見證分享，主要對象是身心障礙職訓學員，和他們的家屬，以及教會的弟兄姊妹。菜鳥上陣當然需要擬好稿子，也反覆練習很多次，但是一向記性差、忘性大的我，準備了四十分鐘的稿子，卻無法完全記下來，眼見再兩天就要上講台，心裡真的慌了。我在睡前禱告中，訴說自己的困難，求主賜下幫助，讓我能完成任務，且能有感動人的力量。在方言禱告中，聲音是在哭泣的，我知道是聖靈在為我代禱，哭泣的禱告持續了一段時間，我的心則儆醒地觀察著這一切，因為聖靈使用方言禱告，我自己也聽不懂，但從聲音語調的不同轉變，約略能夠感知一、二。當禱告結束後，心中頓時有了平安，原本的憂慮不見了，因我明白聖靈既然已經介入，一切已安然過關了！之後的兩天，即使仍然沒有完全把稿子記下來，但是深知主已掌權，會做那更重要的部分。

我在爸爸喪禮上代表致「故人略歷」的場景，又再次出現了。原本只有一張擬好的稿，因為在宣講的過程中，不斷穿插爸爸生前的生活點滴，使得在場的親友淚流滿面且感動不已。穿插的內容並不在講稿裡，而是隨意穿插進來，並非事先的安排，而這次教會邀約的見證，也是這樣進行。我是為帶給身障學員和其家長盼望而來，隨著現場

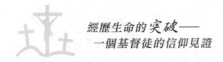

聆聽者的反應，許多沒有寫在稿子裡的生活實例，不斷穿插進來，才能緊緊抓住全場聆聽者的目光，也和現場的學員和家長能有及時的互動，我能夠從每個人的表情裡，看見是否引起了共鳴。

　　我的家有四個人，有兩張身心障礙手冊，所以我很能理解身心障礙者，一路走來所面臨的各種艱難，不管是在學校、職場或現實生活中。「身心障礙」既然是障礙，就是有需要面對和克服的部分，不同的障別，有不同的困難以及困境，沒有相同經驗的人，是比較難以同理這部分。每一個人都需要在社會上，找到能夠容身立足的位置，我以自己的亞斯兒為例，一開始找工作也是跌跌撞撞、屢屢遭拒，我在孩子尋找工作的過程中，將一切都交在全能神的手中，求主來保守一切，祈求神給孩子一個合適的工作，以及友善的職場環境。我們永遠不會知道，會遇見什麼人，會發生什麼事。

　　神關心我們生命中的所有大小事，是我們隨時的幫助，我們非常需要神時刻的保守與看顧。在神的幫助下，讓一個像冰冷機器人的孩子，開始有了人性溫度和柔軟度，這是只靠人的力量很難做到的，唯有神的介入才有可能。我的孩子目前已經就業多年，幾次工作轉銜也都很順利。我曾經十分擔憂孩子的未來，畢竟父母並不是能依靠一生的人，能夠信靠一生的唯有神。孩子願意信靠神，他知道自

己仍有很多不足與欠缺，需要求神來幫助，從神而來的幫助，他深刻領受了。進入職場對於他的社會化有很大的幫助，在我們的互動溝通中，我看見他的成長，令人感到欣慰。

我知道這一場聚會，聖靈參與其中，祂總是我隨時的幫助者，今日藉著我的口，傳遞盼望訊息給需要盼望的人。在最後，我當然不會忘記將「五餅二魚的祝福」，分享給在場的每一位。自從我領受了這個祝福，便會在每一個聚會場合中，將神所賜的祝福，分享給在場的每一個人。

這次見證分享順利完成任務，就如兩天前禱告所知道的「安然過關」，後來得知家長們很有共鳴，引起很大的迴響。其實我也不知因何上了台，就會變得不一樣，我清楚感知聖靈介入其中，因為一些不曾設想的例子會一直湧進心頭，而將其表達出來。當然這都是我的親身經歷，是我平日的生活點滴，只是連我都沒想到，因何會穿插在這裡？這是聖靈與我同工的確據，「感動人的力量」是來自聖靈，並非是我個人，我只是被使用的器皿而已。福音是為受苦之人所寫的，在苦難之中的人尤其需要它；福音也是為失去盼望的人所寫的，走在黑暗中，尚未尋得亮光的人，特別需要它；福音也是為窮乏之人所寫的，沒有經歷窮乏的人，就不知道什麼是困頓與缺乏。

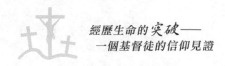
回應神的呼召

回應神的呼召，是終身的委身和奉獻，奉獻是奉上靈、魂、體的全人奉獻，神看重我們的心，勝過一切，因此祂說：「敬拜當用心靈和誠實。」神最不喜悅說謊和欺騙！因為喜愛說謊、不說真話的人，都是屬於謊言之父撒但的。一位蒙神選召、奉差遣的事奉者，必然能領受神所賜的能力與恩膏，並與賞賜的神同在，在服事上能顯出能力和事奉的果效。而有神的同在，必見神的榮耀，所行的事必然是榮神益人。

2021 年 12 月 31 日神說：「聖靈是純淨的靈，不會讓人做不純淨的事！」因此服事的態度與動機很重要，單純服事、別無所求，不是為了稱讚、掌聲、名聲、位分、成就感、自我實現、利益回饋，我們不能帶著這些進神的國。

選召是沒有後悔的

神賜給人恩賜，並不是要高舉個人，乃是要彰顯神的榮耀。恩賜是榮神益人的，讓人們可以從某人身上，得到從神而來，源源不絕的幫助。神的呼召是為了服事主和服事人，千萬不可濫用恩賜，到時是要向神交帳的。不當使用恩賜，就是吃喝自己的罪了，使用者不可不慎。

　　有一些有能力、有信心的事奉器皿及其事奉，卻未必有神的同在。有些人已失去神的同在，卻還能顯出能力及事奉果效，是因神的選召沒有後悔的，因此才沒有收回已經賜下的能力。但種的是什麼，收的也是什麼，我們使用什麼樣的動機，用什麼的心思意念來行事為人，神是瞭若指掌的。

取決於神的至高主權

　　基督徒的安全感取決於神的至高主權，我們所獲得的保護是建立在祂的預定上，因為凡事都取決於神，不是我們。祂掌管萬事，表示祂能夠眷顧祂的兒女，祂可以確實安排萬事，使萬事互相效力，也可以成就萬事，叫愛祂的人得到益處。神呼召，因為愛祂而願意凡事聽從祂的人。預知、預定兩者都是在我們尚未知道時，就已發生並且進入我們的生命，而神呼召我們時，它便觸及我們的生命。

　　神的話語總是在事情發生之前，對人來說是預言，很多人對「預言」持質疑的態度，因為我們終究只是人，不能知道未來。而我所說的一切，靜待日後的看見，就能明白我生命的計劃，會使用什麼方式來呈現。我願意成為合神心意的器皿，為神使用，讓許多人得以看見神的作為。

第 5 篇

基督徒的信仰生活

對神的信心，不是建立在感覺上，而是建立在事實上。相信神若能帶我度過今生的難處，祂便可以帶領我經歷死亡而安然無恙，祂也可以帶領我經歷審判後，站立在祂面前。如果我們已經清楚基督信仰，已經歷了救恩，卻沒有在日常生活中實踐出來，那只是半個基督徒。完整的基督徒是由信仰與行動組成，教義加上行動，才是完整。我們與神擁有特殊的關係，應過著符合信仰方式的生活。

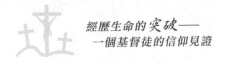
基督教三大教派

　　基督教是信仰耶穌基督，為神之子與救世主（彌賽亞）的一神信仰，以耶穌所傳揚的福音，及所行的神蹟奇事為記錄的《新約聖經》，合併猶太教《舊約聖經》，組合成《聖經》，做為宗教經典，其中以《新約聖經》為信徒的生活及行為指引，信徒稱為基督徒。基督教分成天主教、東正教、新教等三大派系，漢語所稱的「基督教」常專指「基督新教」，基督教整體則以「基督宗教」或「基督信仰」稱呼。

　　基督教的共同信仰，認為神創造了世界，並照自己的形像造人，由人來管理世界，人後來由於犯罪而墮落，帶來了死亡。聖父派遣聖子耶穌基督以道成肉身，傳揚真理，並因世人的罪被釘死在十字架上，三天後死裡復活且升天，賜下聖靈與信徒同在，基督為了替世人贖罪而死，信徒因此得到拯救以及永生。基督教的第一個教會在耶穌升天與聖靈降臨後，由耶穌的使徒建立，之後耶穌的使徒及信徒們不斷向外傳揚教義，快速在巴勒斯坦地區、羅馬帝國境內及周邊地區傳播。

　　在 1 ～ 3 世紀期間，基督徒長期遭受迫害，直到公元313 年羅馬皇帝君士坦丁大帝宣佈合法化，遂成為西方世界的主要宗教。之後因羅馬帝國分裂，西方世界的東、西部

產生差異並逐漸擴大，在 1054 年基督教正式分裂為羅馬公教（天主教）和希臘正教（東正教），史稱「東西教會大分裂」。在東西教會完全分裂前，彼此對教義的歧見和傳教差異就已長期存在。1517 年馬丁·路德改革運動之後，基督新教誕生，確立了目前的三大教派。

基督教派共同的觀點

天主教、東正教、新教所選用的《舊約聖經》卷數不同，天主教 46 卷、東正教 50 卷、新教 39 卷，《新約聖經》同為 27 卷書。《舊約聖經》源自於猶太教經典，因為耶穌和使徒皆為猶太人，經常使用猶太經典來教導眾人。《聖經》即是神所啟示的，《聖經》常常直接引用神的話語。新約福音書直接引用耶穌（神）的話語，使徒保羅對自己書信的內容聲稱：「我不是從人領受的，也不是人教導我的，而是藉著耶穌基督的啟示而來。」

《新約聖經》中保羅書信有 13 卷，《福音四書》是《馬太福音》、《馬可福音》、《路加福音》和《約翰福音》，記載耶穌降生、受洗、受死、復活、升天，以及生平傳道、言行教導……等記錄，《使徒行傳》則是初期教會建立和擴展……等事蹟，《啟示錄》則是預告人類的最後終局。由於基督教有不同教派，因此不同教派的教義會有所出

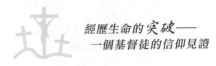

入，但主要教派在信仰上的神學教導，皆相信三位一體的
獨一真神。其共同的主要觀點如下：

1. 宇宙之間只有一位「獨一的至高神」。

2. 「三位一體的神」，有聖父、聖子、聖靈「三個位格」，
   聖父是萬有之源，聖子是耶穌基督，聖靈是神的靈。

3. 三者為同一本體、同一本質、同一屬性，聖父是神、聖
   子是神、聖靈是神，「只有一位神，而非三位」，相信
   三位一體被看作是最重要的一項教義。

4. 「基督二性」，耶穌基督是完全的神，也是完全的人。
   二性（人性、神性）各俱完備，合於一個位格，不混合
   為一性，也不分開為兩性。

5. 「神造天地萬物」，最後神乃是照自己「聖潔良善」的
   形像創造人，就是亞當和夏娃。

6. 罪與死源自亞當和夏娃受蛇（撒但）「誘惑而犯罪」，
   「罪」是指一切不符合神的「聖潔良善」的思想和行為，
   人的始祖亞當和夏娃，因犯罪而帶來了死亡，從此「罪
   與死」進入了世界，世人生而有罪（罪性），必然會犯
   罪（罪性）。

7. 「基督的救贖」，耶穌基督本為神的兒子，與神同在祂
   就是神。耶穌基督為了將世人從罪惡中拯救出來而降世
   為人，經歷三年半傳道，在十字架上被釘死，祂的「無
   罪之身」成了「贖罪的祭」，贖了世人的罪。

8. 「耶穌死後三日」從「死裡復活」，升到天上，與父同在，祂讓父神差遣聖靈住在信祂的人心中，與他們同在。耶穌現今仍活著，持續地作工，直到世界末了。

9. 「耶穌基督將要再來」，所有的人都要復活，接受最後的審判。罪得赦免的人得到永生，能夠與神同在；罪不得赦免的人，最後會因罪而下地獄，永遠與神隔絕。「耶穌再次降臨時」，將要審判所有的活人、死人，並且徹底解決罪的問題，並依照神的應許，成就新天新地降臨。

10. 「榮神益人」是基督徒的人生目的，為的是榮耀神，將自己全然歸給神，使人真正謙卑下來，憑著信心行善愛人，成為連結神與人之間的枝子。

愛是從神而來

基督教的神學教義，十分注重神與人的關係，因為神是真實存在這個世界的「萬有主宰者」，並非一般人造的偶像。唯有真正的神才會想要和人建立關係，因為人是神所造，造人是為了愛人。基督信仰非常強調「愛」，因為愛是從神而來。基督教最大的誡命就是「愛神、愛人」，神愛我們，我們也愛神，而人與人也彼此相愛，這也是基督信仰存在最大的價值。

為什麼要強調認罪、悔改、饒恕、謙卑……等，是因

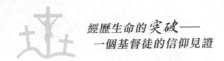
為這些是與神、與人和好，必須要有的心態，任誰都很難
原諒一個沒有真心悔過，而且還自高自大，不把人放在眼
裡，也不把神放在眼裡，心中只有自己的人。因此耶穌必
須親自來到這個世界，來教導我們與神、與人和好的祕訣。
神的國必定不會接受，既不愛神、也不愛人的人進入。耶
穌只講「真理」，唯有真理是放諸四海皆準的「正確道理」，
也是相信耶穌的人，一輩子要奉行的真理。「絕對的真理」
是不容改變，而信仰和生活也必然是息息相關。

西方世界的基督信仰

2000 年以來的西方世界，受到基督信仰很深的影響。
200 多年前，基督信仰藉由宣教士傳播到東方世界來，人們
有機會接觸這個真神信仰。但是直到 100 年前，才有機會
在東方社會紮根。目前基督信仰遍及五大洲，有人離開信
仰，有人加入信仰，各有不同的理由。

2021 年 5 月 1 日神說：「有人因為信仰的目的留下來了，
有人因為信仰的目的離開了。」一個人信靠世界，就很難
信靠真神，這是必然的結果，因為兩種主導的力量是互不
相容的。在充斥各種誘惑的現今世代，想要持守信仰確實
並不容易，有很多因素阻礙了人跟隨神的腳步。敬拜假神
越多的地方，真神越難以介入人的內心，因為假神滿足人

的各種慾求，不論對錯，而真神永遠只給對的，因為愛是不加害予人的。

基督教和猶太教大不相同

基督教源自猶太教，但是和猶太教大不相同，尤其是以保羅為主的教會，加入很多的外邦信徒，不再守嚴格的猶太教律法，在《舊約聖經》中所記載的《摩西五經》，記錄的正是這些。新約時代的使徒保羅，認為神已將律法刻在人的心版上，每個相信神的人，都會存記在心裡面，遵守耶穌基督的教導，活出基督的樣式，比遵守形式上的律法規條更為重要。當然基督教在發展過程中，漸漸形成了自己的儀禮，目前持守的為天主教和東正教。

宗教改革之後的基督新教，對這些儀禮進行了很多形式的簡化，一切回到初代教會聚會形態，以及回歸《聖經》的教導。新教的神職人員皆為平信徒，沒有明顯的階層區別，每個人都可以直接和神溝通，不需要透過神職人員。改革後的新教加速了信仰接受的普及度，新教的教會只有十字架，並不使用雕像，更能全心敬拜神。

《新約聖經》同為 27 卷

　　基督教的三大教派為天主教、東正教、新教，雖然在《舊約聖經》上使用卷數不相同，但是在《新約聖經》上卻是完全一樣。舊約是新約的參考，能使人明白新約引用經文的出處。《新約聖經》是在耶穌及其門徒死後，由後人收集使徒們留下的書籍、書信所編輯而成，成為基督信仰的教導。

　　耶穌來傳講天國的福音，「福音」是宣布令人震驚的消息。耶穌傳道雖然只有短短三年半的時間，但是祂所傳講的訊息，遠遠超出人們的想像。祂總是說：「天國就像……」因為祂來自天國、能夠清楚描述天國的景況，但是沒有一個人去過天國，因此耶穌使用很多比喻來描繪天國，天國的子民是何等模樣，要用什麼方式才能到達天國，天國揀選子民的標準為何？從來沒有人會說自己是「道路」、「真理」、「生命」，而耶穌說：「若不藉著我，沒有人能到天父那裡去。」

　　簡單的說，《新約聖經》是教導基督徒找到通往天國的道路，既是準則也是方法。神的國是經過揀選才能進入，而考核的是神自己，人們藉由受洗（洗淨之前所犯的罪），取得通往神國道路的機會，我們必須一直持守信仰，遵行耶穌的教導去行，藉由聖靈的幫助，才有機會進入神的國（天國）。

福音四書是對觀福音

　　福音四書是對觀福音，是由曾經目睹耶穌言行的見證人，寫下關乎祂的生平事蹟的可靠記述。耶穌是自古以來最奇妙的人物，所以神給四個人默示，讓他們各自寫下他們所看到的。福音書的作者各自從獨立觀點描寫耶穌，《馬可福音》是最早寫成的，是由使徒彼得口述，由馬可記錄完成。本來耶穌被釘十字架之後，追隨者已經四處逃散，但是耶穌死而復活，並和使徒繼續相處四十天之久才升天，追隨者確信他們所追隨的是真正的神。基督升天之後的數十年間，使徒大力傳揚福音，教會不斷增長，遍及整個羅馬帝國。《馬太福音》、《路加福音》則是為了不同對象所寫，內容搜集了更多耶穌說過的話，比《馬可福音》記載更多耶穌所傳的道。《約翰福音》則是著重耶穌的身分，祂究竟是誰？

　　從四本福音書中，我們更加了解耶穌做了什麼？耶穌說了什麼？耶穌是怎樣的人？祂來到這個世界的原因和目的，是為了拯救更多的人能進入神的國，並且得到永生。

《馬太福音》的教導

　　《馬太福音》教導信徒如何活出基督徒的樣式，耶穌有關天國的教導，都是如何活出天國子民的樣式。「我們

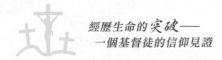
不是靠著過這種生活型態得救，應該說得救是為了過這種
生活。」「我們不是為了進神國而行善，而是因為善行進
了神的國。」耶穌的很多比喻都告訴我們，天國的子民是
經過篩選。耶穌尋找的，是持續不斷地信靠祂及祂話語的
人，我們在口裡宣稱要順服神，也要真的照神所吩咐的去
行。作門徒不是光相信而已，還要秉持信心去行義，因為
我們最終仍要面對審判。《馬太福音》教導信徒要認真看
待、堅持不懈、相信到底，時時與耶穌同行。

《馬可福音》是一手資料

　　《馬可福音》也被稱作《彼得福音》，是由於馬可和
彼得間的關係很密切。彼得是耶穌的大弟子，原來的名字
是西門（蘆葦之意），耶穌將西門改名為彼得（磐石之意）。
耶穌經常帶著彼得、雅各和約翰同行，因此彼得有很多和
耶穌私下相處的一手資料，也清楚耶穌是誰。耶穌就是基
督，也正是猶太人等候多時的彌賽亞（救世主），彼得明
白耶穌必為大家上十字架，因為耶穌已說過多次。《馬可
福音》中強調十字架，包含從人性與神性的層面看耶穌之
死，因為打從一開始，耶穌就確定祂的降生乃為受死。

聖靈福音書

　　《路加福音》和《使徒行傳》的作者皆為路加。路加是外邦人，他生於敘利亞的安提阿，第一個外邦人的教會就是從安提阿開始，耶穌的門徒被稱為「基督徒」也是自安提阿起首。身為外邦人的路加，尤其關心救恩如何臨到「凡有血氣的人」，路加從不同族群上都看見神的救恩，聖靈澆灌凡有血氣的——「從猶太人、撒瑪利亞人、直到地極。」基督信仰是給世界上每一個人的。

　　路加的兩卷書，從耶穌公開服事起，直到保羅被囚或被軟禁在羅馬為止，為這三十三年期間作了詳實記錄，我們可以清楚看見「基督教」的形成過程。路加兩卷書的內容是因保羅坐牢被囚，為了保釋保羅無罪釋放而寫，為了說明保羅的信仰及為了基督的緣故，所做的一切。保羅的使命源自主耶穌基督，並藉著聖靈的能力，開啟為主宣教的道路。這兩卷書也被稱為是聖靈福音書，路加的兩卷書和保羅的書信（13 卷），一再提及聖靈的工作，當聖靈的恩賜行在各人身上，就能大膽傳揚神的道。

　　《使徒行傳》是路加描述基督教如何從一個猶太民族的宗教，轉變成為外邦人的、跨民族的信仰。聖靈降臨在非猶太人身上，和聖靈在其他地方澆灌猶太人是一模一樣，信徒受水的洗禮，也受聖靈的洗禮。《使徒行傳》中記載

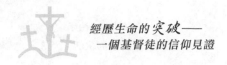
每次有人領受聖靈的洗,總是有些狀況發生,領受者本人和旁觀者都很清楚聖靈降臨。基督的教會需要拓荒植堂者,也需要願意被差遣,奉神的名去執行特定任務的人,差人出去的決定,不是信徒開會決定的,而是聽從聖靈的引導,《使徒行傳》裡有一些重大的決定,是出於聖靈的引導。

信心的三個階段

《約翰福音》的作者約翰是耶穌的表兄弟,跟隨耶穌作門徒。耶穌在十字架上請約翰照顧祂母親,可見約翰跟耶穌非常親近。《約翰福音》中,約翰告訴我們耶穌的真實身分和內在生命,這是為成熟的基督徒所寫的,為要幫助他們持守信仰,既然認識耶穌真正的身分就不要偏離,要持續地相信且持續到得著永生。信心可分為:

1. 相信:某件事是真的。
2. 信任:用信靠和順服耶穌,來表示我們信賴祂。
3. 堅信:充滿信心會忠心到底,無論發生什麼情況,也不管付出多大代價。

一個基督徒的信心,可以分為三個階段:「接受真理→行出真理→持守真理」。相信耶穌就是相信真理,耶穌代表行真理的神,《約翰福音》將耶穌稱為「道」。

「太初有道,道與神同在,道就是神。」(約翰福音

一章1節）「**律法本是藉著摩西傳的，恩典和真理，都是
由耶穌基督來的。**」（約翰福音一章 17 節）耶穌為人帶來
真理與恩典，並讓我們也同享神的真理與恩典。耶穌為人
們帶來，神愛人及人如何愛神的示範，使我們在今生就得
以享有神同在的福樂。

保羅戲劇化的信主過程

　　我們對保羅的認識比其他使徒還多，《新約聖經》有
1/3 寫到關於他的事，或是由他所寫，包括《使徒行傳》的
一半內容，以及他寫的 13 卷書信，他對教會 2000 年歷史
的影響僅次於耶穌，而歐洲歷史上也沒有人的影響力大過
於他。

　　保羅信主的過程十分戲劇化，他原是迫害基督徒的法
利賽人，當時名叫掃羅，在他將到大馬色的路上，忽然從
天發光，四面照著他，聽見有聲音對他說：「掃羅、掃羅，
你為什麼逼迫我？」他說：「主啊！祢是誰？」主說：「我
就是你所逼迫的耶穌。」掃羅有三日眼睛不能看見，直到
耶穌差了亞拿尼亞來為他禱告，掃羅的眼睛好像有鱗掉下
來，他才能看見，又被聖靈充滿，於是受了水洗。

　　保羅在 13 年以後，才開始做他信主那一天就蒙召去做
的事。他以特別的使徒自居，他是耶穌特別的呼召，在耶

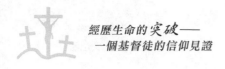
穌升天之後，賦予他向外邦人傳福音的權柄。他等待了十幾年印證那呼召，直到巴拿巴去邀他出來幫助安提阿教會，他的宣教呼召才被認定，才開始他的事奉。

　　保羅永遠忘不了，耶穌竟在他去迫害基督徒的路上得著他，這件事太奇妙，他認為自己完全不配得到這救恩，保羅永遠對這恩典心存感激，而感恩就是這人殷勤工作的動機。保羅為福音而活，為了傳揚福音的信息，什麼他都願意做，為福音緣故所受的苦，也從來沒有少過，最後還為主殉道。保羅被視為特別的使徒，他的書信也被認定是出於神的默示。保羅寫信給多個教會，原因是有人聚集的地方，難免就有紛爭，雖然同為基督徒，但在當時有猶太人和外邦人同時聚會，畢竟來自不同的文化和教導，容易產生不同的看法和作法，因此保羅書信成了溝通的管道，也教導信徒在信仰的道路上如何跟隨主。

保羅看重信望愛

　　保羅很看重「信、望、愛」，因為「信與過去的事有關，望與未來的事有關，而愛與現在的事有關。」「過去的事讓我們產生信心，未來的事使我們產生盼望，而我們在現今就需要愛。」保羅書信是基督徒過信仰生活，不可或缺的示範。書信中所教導和提醒的，都是基督徒在信仰

上，會真實經歷的問題。保羅也都確實指出問題所在，有時措辭嚴厲，直指問題核心，卻都是肺腑之言，是為堅固信徒的信心，在彼此相愛、相互扶持的環境中，充滿盼望地努力向前行，直到見主面為止。

保羅是講說聖靈最多也最為具體的使徒，這與他的個人經驗有關。耶穌升天之前曾說：「聖靈降臨在你們身上，你們必得著能力，並要在耶路撒冷、猶太全地和撒瑪利亞，直到地極，作我的見證。」五旬節門徒聚會時，眾人就被聖靈充滿，按著聖靈所賜的口才說起別國的話來，從此門徒得著能力，放膽傳講福音。保羅是在受聖靈充滿之後，生命有了一百八十度的大轉變，從逼迫基督徒的人成為捍衛基督徒的人，這正是聖靈在他身上動的工。神使用他將福音傳給外邦人，滿有聖靈能力的他，將福音傳遍各地，目前真的是已傳到地極，北極圈的居民也已接受基督信仰，而基督教信仰在全球有最大的版圖，最多的信仰人口。

基督新教的信仰依據

基督教徒為數眾多，教派也多，尤其基督新教沒有如天主教（教宗）、東正教（牧者）的領導階層，大家都是平信徒，因此宗派繁多，主張也不盡相同，例如「嬰兒洗禮」對嬰兒進行洗禮。大多數主流的基督宗教信徒，所屬

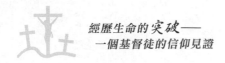

的教派均承認嬰兒洗禮，包括天主教、東正教、新教聖公
會和路德會在內，但也有不少教會不承認嬰兒洗禮者為基
督徒，這些屬於基督新教各宗派。基於基督教「因信稱
義」、「因信得生」的基本教義，不少新教宗派認為，雖
然作為教徒的父母，將其子女帶到教會進行洗禮，但其子
女尚處幼童階段，不一定知道及認同基督教信仰，因此不
承認嬰兒洗禮者為基督徒。

　　信仰絕對不只是儀式而已，神況且給人自由意志來作
決定，而父母豈能剝奪孩子的自由意志，沒有人應該一生
下來，就成為某種信仰的信徒。一個人要知道所信的是什
麼？認識所信的信仰，並且自己願意成為其中的一員。「心
裡相信、口裡承認」是基督信仰對信徒的基本要求，否則
就只是掛名的基督徒。一個要持守終身的信仰，「受洗」
只是一個開始，沒有人可以為他人作決定。很多基督徒以
為接受洗禮，就等同拿到通往天國的門票，因此很多信徒
希望子女早早受洗。殊不知基督信仰，必須從「相信→信
任→堅信」才有機會得永生，而且必須在人際關係、言談
舉止、日常工作和家庭生活中，呈現出基督徒的樣式。

保羅書信的教導

　　世界上雖然有為數眾多的基督徒，但我們不是因為《聖
經》知識，亦不是靠遵守聖禮，就會使我們成為真正神的

子民，我們必須倚靠聖靈的幫助，每個人都是靈、魂、體的組合，一個部分受影響，另一個部分也會受影響，因此不要讓罪在我們身體上作主，不要讓罪支配我們，不要讓罪告訴身體要做什麼。

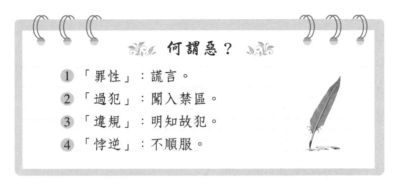

何謂惡？

① 「罪性」：謊言。
② 「過犯」：闖入禁區。
③ 「違規」：明知故犯。
④ 「悖逆」：不順服。

　　人的罪性隨著繁衍出更多的人，人的罪行越來越大，且爭相模仿去行。

　　保羅說：「他們既然故意不認識神，神就任憑他們存邪僻的心，行那些不合理的事。裝滿了各樣不義、邪惡、貪婪、惡毒、滿心是嫉妒、兇殺、爭競、詭詐、毒恨，又是讒毀的、背後說人的、怨恨神的、侮慢人的、狂傲的、自誇的、捏造惡事的、違背父母的、無知的、背約的、無親情的、不憐憫人的。他們雖知道神判定行這樣事的人是當死的，然而他們不但自己去行，還喜歡別人去行。」（羅馬書一章 28-32 節）神說每個做這些事情的人，就要在自己身上受這妄為當得的報應。

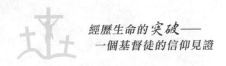

沒有真正信仰的基督徒

2022 年 3 月 5 日神說：「你所信的是什麼，就會成為怎樣的人。」這是我為烏俄戰爭禱告時，神對我說的話。東歐和俄羅斯是信仰東正教的地區，也是基督教的一員，大家所讀的《新約聖經》是一樣的，但是根植於每個人心中的信仰根基，卻是大不相同。我們從獨裁者身上看不見絲毫神的身影，所行的都是神最厭惡之事，像是站在神的對立面——撒但的作為，這是邪惡勢力入了心，才做得出來的事。這是我以前無法想像，而今日卻親眼看見的景況。現今很多基督徒，頭腦中有《聖經》知識，可以引用章節，也遵行教會的聖禮和儀式，卻感覺不到神的同在。內在生命並沒有因信仰而更新變化，只能算是名義上的基督徒而已。

《聖經》上說：「驕傲在敗壞以先，狂心在跌倒之前。」（箴言十六章 18 節）驕傲的心是敗壞的開始，狂妄的心則是讓人摔得粉身碎骨的前奏。人類歷史上有多少侵略者，都是因為戰爭，造成民不聊生，最後敗亡告終。《舊約聖經》記錄了這一切，強權像走馬燈一樣，一個接一個來了又走，那些強權如今已經不知哪裡去了？

甘願成為罪的奴僕

　　喜好侵略他人的獨裁者，必然吻合很多項罪性，他們難道不知道行為的後果嗎？在這些人當中，還有宣稱接受基督信仰的人，但這些人空有表面的儀禮，只會在胸前畫十字架、表達敬虔之意，實則並沒有真正的信仰內涵。凡有絲毫神對人的憐憫之心，斷乎無法行出傷害人的事。戰爭中，有多少人為獨裁者失去性命？有多少人的家庭為獨裁者破碎？他們不在意毀滅他人的同時，也在毀滅自己。當人的心中沒有神，不敬畏神的存在，也不恐懼神的審判，所有超出人性範圍的事，必都能行得出來。結果必然是恣意妄為、狂妄自大，罪性取代人性，甘願成為罪的奴僕，受到罪的轄制。

　　行為是種子，人在今生種什麼，將來就要收什麼，那一天，神要照各人的行為報應各人。罪的工價乃是死，不只是今生的死亡，而是永生也會和神永遠隔離，最終的去處就是地獄，承受硫磺火湖的永久刑罰。公義的神必然為人進行最公義的審判，唯有如此行才有真正的公義存在，而神必定是最公義的存在。在那時，必如耶穌在世上所告誡我們的，一切都將會按照著那樣行，有許多人，將要在永恆裡哀哭切齒了！

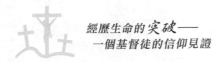
《聖經》中最後一卷書

　　《啟示錄》是《新約聖經》中最後一卷書，作者使徒約翰因宗教因素被捕，囚禁在愛琴海的拔摩島上。「耶穌基督的啟示，就是神賜給祂，叫祂將必要快成的事，指示祂的眾僕人，祂就差遣使者，曉諭祂的僕人約翰。約翰便將神的道和耶穌基督的見證，凡自己所看見的，都證明出來。念這書上預言的，和那些聽見又遵守其中所記載的，都是有福的，因為日期近了。」（啟示錄一章1-3節）此卷書的主要目的，不在揭露未來事件的時程，而是為了預備人心，以迎接將要發生的事。

　　《啟示錄》是神給眾聖徒和祂的僕人最後的提醒，以得勝的信徒和膽怯信心不足的信徒做對比，告訴他們有兩種命定擺在基督徒面前，一種是與基督同復活、同作王、同享新天新地；另一種是喪失神國的基業，而永遠在地獄裡。《啟示錄》的內容是以口語和視覺形式呈現，約翰總是先「聽到」然後再「看到」，那聲音吩咐他要寫下來，約翰在其中見到很多異象，彷彿觀看一部充滿奇幻的影片，既有聲音也有畫面，而且寓意深遠。

　　《啟示錄》中有耶穌給七個教會的書信，耶穌關心教會的景況，有肯定、有責備、有勸告、有應許、有呼籲、也有祝福。最後總是說：「聖靈向眾教會所說的話，凡有

耳的就應當聽。」是耶穌對眾聖徒的諄諄教誨（這部分屬於地上的事）。「此後，我觀看，見天上有門開了，我初次聽見好像吹號的聲音，對我說：『你上到這裡來，我要將以後必成的事指示你。』我立刻被聖靈感動（這部分就是天上的事）。」天上有千千萬萬的天使，也有和撒但之間的爭戰，然後七印、七號、七碗上場了，那是一連串災難的預告，世界歷史快速進入終結，最後的結局近在眼前。

耶穌再臨，審判活人、死人，判定「得勝」和「未得勝」者最終的去處。名字在生命冊上的，乃與神同住新天新地，「新的耶路撒冷」由神那裡從天而降；名字被塗抹者，進入永遠的刑罰當中，就是沒有神同在的地方。「他又對我說：『不可封了這書上的預言，因為日期近了。不義的，叫他仍舊不義；污穢的，叫他仍舊污穢；為義的，叫他仍舊為義；聖潔的，叫他仍舊聖潔。看哪！我必快來，賞罰在我，要照各人所行的報應他。』」（啟示錄二十二章 10-12 節）

天災人禍是災難的起頭

2020 年～ 2022 年的天災加上人禍（新冠疫情和俄烏戰爭），將使得更多人在其中承受更多的苦難，但這也只是災難的起頭，是陣痛的開始。2020 年初爆發新冠肺炎（COVID-19）引發全球大流行，2022 年仍未止息，病毒不

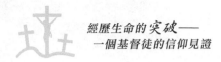
斷變異，疫情一波未平、一波又起，所造成的人命損失、金錢損失不計其數。這是無法抗拒的「天災」，世界各地的各種產業都受到疫情影響。

2022 年 2 月俄羅斯入侵烏克蘭，截至本書付梓之際，這場戰爭仍在持續，不知何時方能止息？這是一場由人所引發的「人禍」，全球人民無不希望早日結束這場戰爭。發動戰爭從來都是該被譴責的事，人發明了武器戰備，戰爭一旦開打，每日耗損不計其數的是白花花的錢所買來的武器和裝備，戰爭使人越打越窮，不僅失去金錢、失去生命，還要承受行為的後果。我們都知道，毀損何其容易，但重建又何其困難！只有愚蠢至極的人，才會做這樣損人又不利己的事。戰敗的國家難道不需要付起戰後賠償的責任？德國至今仍在支付二次世界大戰的巨額賠償。

屬神子民的情操

烏克蘭因為戰亂，世界各地捐助了無數的物資和捐款，希望對深陷苦難中的人民能有些微幫助。在這場戰爭中，看見了殘酷無情的醜陋一面，也看見無數溫暖的人性光輝。整個歐洲大陸幾乎全動起來了，運送物資、接受難民，展現人飢己飢、人溺己溺的高貴胸懷。許多歐洲人千里迢迢為難民送物資，並且協助載送難民前往其他願意接受難民

的國家。他們在受訪時說：「如果我有困難，也想要得到他人的幫助，所以我願意出錢出力，前來幫助他們。」

位處烏克蘭邊境的國家，每日都有不計其數的難民湧入，許多人由世界各地自願前來，協助安排難民的住宿和飲食，讓千里跋涉、身心俱疲的難民，在嚴寒的冬日裡，有溫熱的食物果腹，有暫時的地方可以歇息。若非戰亂，誰願意在這樣的時候遠離家園，還要擔憂守護家園的父親、丈夫、男友的安危，不知是否還能再見？歐洲大陸在這場戰爭中，看見了耶穌對我們的教導：「愛人如己」、「彼此相愛」，這才是屬神子民的情操啊！

基督徒當要堅固信仰

身為基督徒，面對接踵而至的苦難來臨，我們更應該堅固信仰，在神同在中面對這一切。正如《啟示錄》中預告，末世天災人禍會逐漸增多。我們在與神同行的過程中，堅固信心是持守信仰最重要的，不論何時都不能失去盼望與愛人的能力。人們必須倚靠相互扶持，才能走過生命的苦難，就如同歐洲人民向烏克蘭難民伸出援手，讓愛的溫暖，充滿每一個人的心。

在苦難中信仰尤其重要，能夠安定我們的心，即使在苦難中仍然能有喜樂，只要用信心回顧神做過的事，用盼

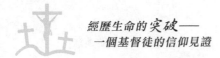

望期待神將來要成就的事。對神的信心，不是建立在感覺上，而是建立在事實上。相信神若能帶我度過今生的難處，祂便可以帶領我經歷死亡而安然無恙，祂也可以帶領我經歷審判後，站立在祂面前。如果我們已經清楚基督信仰，已經歷了救恩，卻沒有在日常生活中實踐出來，那只是半個基督徒。完整的基督徒是由信仰與行動組成，教義加上行動，才是完整。

　　一位基督徒不僅聽說而已，還要真正去行，當我們自稱是基督徒後，人們就用不同的標準看待我們，因為我們與神擁有特殊的關係，應過著符合信仰方式的生活。

第 6 篇

隧道口的亮光

人生中會有很多時候，像是走在黑暗的隧道裡，一段又一段，但是只要有耶穌的相伴同行，就不需要害怕，因為再過不久，必然可以見到隧道口的亮光。如果你的一生總是在黑暗中走不出來，請你尋求耶穌的幫助來帶領你，穿過這段最不容易的路程，光明就在不遠的前方。

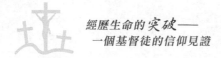
看見滿有盼望的異象

　　2021 年 6 月 27 日，一早醒來看見一個異象：「看見自己走在隧道裡，不久便看見隧道口的亮光，心中雀躍不已！」雖然只是短短的畫面，卻能充分感受到滿滿盼望的感覺。異象、異夢都是未來事物的預表，是神對未來將發生之事的預告，因此我將它記錄在筆記本上，相信在許久之後，就能知道，神給我這個異象的用意。

　　我知道隧道口的亮光意味著快要走出黑暗，迎向神所賜的亮光，令人欣喜且充滿盼望。我在 7 月 5 日接獲 GoodTV「真情部落格」節目的邀約，詢問是否願意上節目分享見證。就在 10 月 18 日，我在電視上看見自己的訪談節目「苦難中的恩典」。看著螢幕上的自己，回首過往的日子，真是百感交集，幾乎無法想像沒有耶穌介入的生命，該如何繼續？尚未認識耶穌時的我，就是一個人走在黑暗的隧道裡，徬徨無助、孤立無援；而認識耶穌之後，即使我仍走在隧道裡，但已經不是我一個人行走，而是有聖靈引導我前行，不再懼怕也不再驚惶。

　　「你當剛強壯膽，不要懼怕，也不要驚惶；因為你無論往哪裡去，耶和華——你的神必與你同在。」（約書亞記一章 9 節）「你不要害怕，因為我與你同在；不要驚惶，因為我是你的神，我必堅固你，我必幫助你。」（以賽亞

書四十一章 10 節）我牢牢抓住神的應許，靠著神的話語剛強壯膽，依靠神的堅固和幫助，我知道即使經歷高山與低谷，也都有神的保護，讓我能安然度過。

失去盼望的日子

我在十三年前，認識主耶穌之前，陷在生命中的困境裡，經歷生命中極大的困難。先生遭遇意外事故，造成終身殘疾，仍在努力復健中，外籍看護因為經濟因素提前離開；亞斯伯格的孩子，在高中階段面臨很大的適應問題；剛上國中的孩子，對於家庭變故也有極大的憤怒；而我自己本身則是飽受憂鬱症和睡眠障礙之苦。

先生出事的第四年，我面臨中年失業，無奈只能到職訓局接受職業訓練。算命的說，我在 48 歲（虛歲）會有大災禍，那關若過了，可以活到 72 歲。在不順遂的日子裡，真的是什麼都遇得上。有一回，我騎機車在等候區停等紅燈的時候，突然被一輛闖紅燈的汽車從身後撞飛，被撞上的那一刻，身體彈飛起來，身體和車子分離的那一刻，心想這次真的是完蛋了，如果連我也出事，我的家該怎麼辦？非常奇妙的是，車子雖然受損了，而我竟然沒有受傷，背後整個著地，卻還能起身站起來，只是被嚇得魂飛魄散，所幸沒有大礙。那時的我，活得十分矛盾，又想早日解脫，

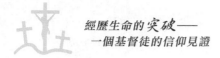
頻頻服藥過量、送醫急救，但是在這樣的時刻，心中還是
掛念「我的家」要怎麼辦？

　　一個人最難以承受的，其實不是生命中的困頓與艱難，
而是失去盼望。我不知道入不敷出的日子，究竟還能撐多
久？除了操勞不完的繁瑣事物，經濟的壓力也讓我內心充
滿不安全感，先生的保險理賠，無法支撐這個家太久，而
且還有房貸壓力，我害怕朝不保夕的生活，挖東牆補西牆
的結果，屋子終究是會垮。我很不想見到那天的到來，常
常想著：「與其那樣活著，不如死了倒好！」我承認自己
雖然軟弱，但是自尊心很強，不習慣向人求助，更不願意
向人開口借錢度日，我不想面對那樣的生活。因此雖然對
於丈夫和孩子仍有很多的牽掛，但想要尋死的念頭，不曾
消失。

　　記得在先生出事時，有一位長輩對我說：「辛苦十年，
孩子就長大了。」漫長的十年，對我而言，是想都不敢想
的人生啊！人在苦難中，就像走在看不見盡頭的黑暗隧道
中，心中感覺孤單、無助、恐懼、害怕、憂慮、不安、擔心、
疑惑……。面對漫漫長路，感到生氣、憤怒、抱怨、灰心、
失望、挫折，幾乎要被所有負面情緒給淹沒。對於生命失
去了盼望，也失去了繼續的勇氣，在又苦又難的時候，日
子總是格外漫長，尤其在不能成眠的夜裡，明明白天身體
已經非常疲累，夜間卻不能好好安眠（只能依賴安眠藥入

眠），漸漸地身、心、靈都生病了。一個人若是活得好好
的，為什麼要死呢？

走在漫長的隧道裡

在我面臨中年失業的那一年，真的有如走在漫長的隧
道裡，在黑暗中失去方向、失去勇氣，幾乎失去走下去的
動力。我從來沒有想到自己也會面臨失業，生活在陌生的
城市，面對生命中最大的困境，感覺孤立無援，對生命失
去了盼望。我的身邊一直有著友善的基督徒朋友，也向我
傳福音，但是我沒有想過要成為基督徒，人習慣靠自己而
非靠神，「人的盡頭，是神的起頭。」對我而言是一點也
沒有錯。以我的個性，若不是經歷如此低谷的生命景況，
我可能一輩子也沒有動機，想要認識耶穌。

面臨中年失業，多出來的時間讓我有機會走進信仰裡。
一個人的危機，有時正是轉機，沒有失業，或許我至今不
認識主耶穌基督，也無法經歷之後很離奇、又很奇妙的人
生經歷。我所經歷的神蹟，是神在我身上工作的痕跡，神
的兩次出手相救「衣櫃上吊事件」、「高速公路迷途事件」，
都讓我對神的拯救啞口無言，深信神拯救的大能，曾經彰
顯在我身上，請參閱拙著《經歷生命的奇蹟》書中有詳述。

在我書寫《經歷生命的突破》過程中才逐漸明白，神

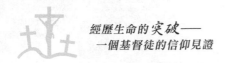

對我明確的呼召和旨意，原來我有著命定要完成的任務，那是神差遣的使命和事工，要我從失去盼望的人開始救起。我也希望在生命中失去盼望的人，都能走出黑暗的隧道，迎向隧道口的亮光。

我生命中最大的困難，就是因為意外而造成腦部損傷的丈夫，以及亞斯伯格症的孩子。我的先生在十六年前出了意外事故，造成顱內大量出血，昏迷了 42 天才醒過來，請參閱拙著《祈盼人生是個圓》內有詳細的描述。我的人生在 42 歲那年，是個很大的分水嶺，在那之前，人生中的喜、怒、哀、樂是我們夫妻倆共同承擔。自從先生受傷後，確實喪失了一些能力，除了肢體上的障礙，腦部也有一些受損，雖然正值五十歲的壯年，卻再也無法幫我分擔生命中的重擔。我必須承認，一個人要肩付起三個人的重擔，對於軟弱的我來說是力有未逮，也扛不起來，況且自己本身也有嚴重的身心狀況（憂鬱症），真可謂屋漏偏逢連夜雨啊！

讓我擔心憂慮的亞斯兒

我的亞斯兒和我有著特別的緣份，曾經在生他之前，看見一個大約七歲的小男孩，站在一個門框中，我知道那是我未來的孩子，更令人驚訝的是，他在七歲時正是在畫

面中的模樣。而他是在七歲的年紀，被鑑定出亞斯伯格症，因此我總覺得他是神給我的特別的孩子，是我今生的功課，一輩子要努力完成的功課。

我的亞斯兒，曾經我對他的未來，感到十分擔心及憂慮，是讓我非常放心不下的孩子。他在小學一年級時，因為經常為了小事生氣，我以為他有情緒障礙方面的問題，因此帶他就醫，結果診斷是亞斯伯格症，屬於症狀輕微的自閉症。亞斯伯格是較接近一般人，但有自閉症特質，在語言表達和人際關係上，會有一些困難。對於這個鑑定，坦白說當時的我是半信半疑，因為他沒有語言遲緩的情況，而我們親子互動也都正常，他和父母也很親密。

在上小學之前，我是親自帶他，他很聰明、很會識字、很會拼圖，圍棋下得很好，只是感覺比較內向、比較不愛說話、比較不會敘述事情。弟弟小他三歲，兩人吵架時，問弟弟反而會比問他還能清楚表達狀況，而爸爸很會排解兄弟兩人的糾紛，因此沒有覺得他有特別的問題。上了小學之後，一般的亞斯兒在群體生活中，就是常常會接到老師告不完的狀，但是我的亞斯兒，是老師很喜愛的學生，安靜、乖巧、不惹事生非，老師都覺得是我多慮了。

直到爸爸出了意外，焦慮的情緒使他明顯出現亞斯伯格的症狀，連我身邊的親友都能感覺他的不同，因此在醫生的建議下，領了身心障礙手冊。「自閉症」算是一個身

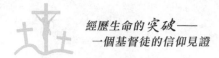

分識別，避免他因不擅長溝通，而造成他人的誤解。他在升上國三時開始領有手冊，學校的老師幾乎無法置信，這樣一個用功守份、專心在課業上的好學生，竟然是自閉症？他只是像個書呆子，擁有比較狹隘的興趣，讓他能夠心無旁騖的專注在課業上，沒有人感覺出他有太大的異樣。

上了高中後，除了課業，還要面對很多同儕相處的問題，他在此時開始出現環境適應上的困難。他的外表正常，但是心理年齡和同學差異大，他無法和同學聊天，除了他有興趣的棒球外，他不曉得其他的流行文化，因為那不是他有興趣的。他不理解別人的話語，是說真的、還是開玩笑的，經常因為聽不懂同學說的話，而感到很挫折。他發現自己和別人不一樣，也很介意自己和別人不一樣，因此他無法融入同儕之間，也造成一些誤解。

我在他剛升高二時，到他班上去跟同學與老師說明他的狀況，希望讓他不再畏懼上學。雖然他是學校收到的第一位自閉症學生，但因為他的學業成績不錯，是用一般管道入學，因此大家不知道他的存在，而他也很不希望同學知道他的狀況。他曾經對醫生說：「最害怕和別人不一樣。」可見他明白自己的不同，希望能夠和別人相同，得到接納和認同。青少年正是尋求認同的階段，有的人標新立異，有的人想要隱藏自己不被看見，對於正在成長中的他們，各有不同的困擾，而我的孩子正在適應他的新身份——「自

閉症」。

我帶著他去尋求個別治療，才發現他的眼睛不愛注視人，治療師要經常提醒他看人。一般人眼睛到了，耳朵也到了，而他的感官使用和常人不同，感官可以隨意關閉，不想理會的事，一點也進不去，因此他的眼睛和耳朵可以分開使用，當然也可以合併使用，總之他的感官知覺的使用和常人不相同。治療師教導他如何練習與同儕相處的技巧，我很驚訝！因何我們從小聽一聽、看一看就懂的事，他卻樣樣都要教導，我開始了解他的不同，面對複雜的社會環境，他在辨識上有其困難，這是亞斯兒比常人更為辛苦的地方。

感謝輔導主任悉心教導

自從學校知道孩子的狀況後，輔導主任每週會安排一堂課個別輔導他，也為了這個不熟悉的障別，參加研習課程，希望帶給孩子更大的幫助。主任曾對孩子說：「有一位學姊是視障生，卻不喜歡使用輔具，她說：『如果我拿手杖，別人就知道我是盲人了。』老師反問她：『如果你不拿手杖，難道就不是盲人了嗎？』」經過兩年的輔導，主任教會孩子面對現實的環境，並學會如何尋求協助。

大學階段，孩子願意接受資源教室的協助，才能順利

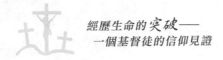
完成學業。孩子有考上研究所，但是只讀了一年就決定休學，原因出在他與他人合作上有困難。班上 12 個人分組的時候，大家不喜歡和他同一組，因為他需要別人下指令，才知道要做什麼，不然就會杵在那裡不知所措。後來才知道，原來他需要明確的指令，像機器人一樣，每個步驟都要清楚，才能執行。為了不為難大家，也不為難自己，我同意他休學的決定。

亞斯的孩子在行為和思考上，確實和常人有許多不同，因為過分狹隘的興趣，關心的事情不多，所以社會化能力明顯不足，在心智上也成長的比較緩慢，因此在社會適應上難免遇到困難。但是在他願意關注的事情上，又比常人有更好的專注力和偵錯能力。每個亞斯伯格都是不一樣的，受到個人性格、家庭環境、同儕相處、社會適應、心理成熟度的影響，還有是否願意聽從教導，是否有學習動機等因素影響，也會有很大的不一樣。

活在相互折磨的痛苦中

我的亞斯兒在離開校園之後，開始面臨就業問題，但是他並不清楚自己，不清楚一般人是怎麼樣，亞斯伯格又是怎麼樣，因此我們開始尋求醫療協助，進行個別治療和團體治療。個別治療時，我也參與其中，治療師協助我們

化解很多生活的僵局。那一年，我們之間有很多的衝突，有一次他和我起爭執後，索性把自己關在房間裡三天，不肯出來吃飯，後來我實在忍不住，只好把房門的喇叭鎖給拆了，讓他不能再鎖門。他跟治療師說：「他知道，只要有喝水，要餓七天以上才會死，餓三天不會怎樣。」面對這樣堅持己見、絕不妥協的孩子，我們的關係十分緊張，爭吵是常有的事，我們活在相互折磨的痛苦中。

所幸在上了半年的治療課程之後，孩子漸漸有了改變，我們每週都有共同要完成的功課，在這些互動中，幫助我更了解他，我們之間的信任，也慢慢建立起來。他的防衛心很重，心門不輕易打開，也不容許他人進入，即使我是他最親近的家人。自從我進入耶穌基督裡，因為神的愛，讓我有了更大的包容和愛，來面對問題。

孩子也參加了團體治療課程，一群亞斯伯格的青年一起上課。孩子在課程中藉由觀察別人來了解自己，也開始明白亞斯伯格症在社會適應和工作上，所面臨的各種問題。他開始了解亞斯伯格和一般人的不同，思考與反應上的差距，確實和常人有所不同。他發現亞斯伯格也是各式各樣，各有所長，但是過度狹隘的興趣是與人相處最大的問題。他們只喜歡談論自己有興趣的話題，有一個同學見人只講數學，話題當然難以繼續。當他看見自己可能也會面臨的問題時，願意聽從教導，也願意試著改變自己的想

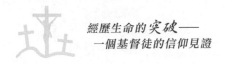

法和作法，因此在治療師的協助下，有比較明顯的進步。

身心障礙的職業訓練

我的孩子在治療告一段落、尋找工作之前，曾在身心障礙的職訓機構，接受半年行政文書處理的職業訓練，對他日後的求職很有幫助。亞斯伯格的就業成功率不高，大多數經常更換工作，能夠長期做一份工作的比較少。除了個性上的固執度高，也較容易與人產生衝突，因而離職率較高。但這也是因人而異，只要有意願，是可以經由教導和學習而有所改變。

亞斯的孩子需要自己有自覺，願意改變自己配合他人，才能在一個工作上做得長久，而這些正是他們最困難的部分。但是只要願意在待人處事上，有一點一點的修正，改變的幅度就會越來越大。「行為改變技術」就是使用增強和消弱的方式，來增強正面行為，消弱負面行為，至於成效如何，端視被改變者願意接受多大的改變，意願決定成效如何？我的孩子就是最好的例子。

跌跌撞撞的求職路

孩子在一開始找工作時也是跌跌撞撞，他明白自己的

障別，在求職的過程中會受到比較多的質疑。對於許多企業而言，語言表達能力差、人際關係能力差，勢必影響同事間的相處和共事的困難度，因此屢屢遭拒。

凡事起頭難，在多次挫折的過程中，孩子和我聊過許多面試心得，我也試著了解他的對話內容，是否有比較不恰當或令人誤解的地方。症狀輕微的亞斯伯格，較接近常人的自閉症，有許多人對於這個障別不是不了解，就是有著刻板的印象。在一開始面試的時候，主管問起亞斯伯格的症狀，他回答：「亞斯伯格就是像柯文哲那樣！」結果當然是沒有下文。我要他好好想想自己的特質，要能明白自己的情況，才能夠被他人了解。更何況每個亞斯伯格都是不相同，而且是有差異性的，用一個人來例舉全部並不合適。

孩子在面試多次之後，也漸漸了解表達的方式很重要。孩子比較不擅長敘述事情，語言表達比較不夠流暢，講話需要思考、會有停頓。大學時期，大家還以為他是僑生，因為他口語不夠流暢，而他也懶得解釋，就當是吧！因為越是說得不好，就越是不想多說，在語言應對上，因為不知如何適切表達而缺乏自信，而他越焦慮就越顯出亞斯伯格的特質。

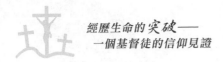

友善的職場環境

我在孩子尋找工作的過程中,將一切都交在全能神的手中,求主來保守一切,「祈求神給孩子適合的工作,以及友善的職場環境。」一開始,孩子接受政府為身心障礙人士所提供的就業輔導,就業輔導員曾多次提及,有些職場環境並不是那樣友善,因此離職率偏高。孩子的第一個工作,是連我也很意外的客服人員,沒想到他竟然能夠勝任。他說工作有 SOP,只要按表操課就可以了,步驟流程不要自行增加或刪減,就不會出錯。在他工作一段時間之後,發現他的口頭贅語不見了,講話也流暢許多,日復一日不斷地重複訓練,漸漸熟能生巧,因為接收、回應都要即時,根本沒有機會多想。他在這份工作上工作了三年半的時間,他本分認真,從不遲到早退,也不隨意請假,即使沒有加班費,也會將工作完成才離開,因為工作態度良好,主管、同事都喜歡他。2021 年有一段時間,因為疫情的關係,被安排在家工作,我看見了他的敬業和努力,對他刮目相看。

他現在口語流暢了,漸漸對自己的語言表達有信心,不再害怕與人之間的言語應對。孩子進入職場之後進步很多,講話不再那樣直接,會考慮聽的人的感受,也懂得怎樣委婉拒絕別人,也漸漸學會與人相處的技巧以及察言觀

色的能力。進入職場對於他的社會化有很明顯的進步，在心智上也看見明顯的成長，對於之後轉換職場有很大的幫助。職場轉換是為了尋找更有成長性的工作，還有薪資上的增長，大多數企業所開出的身障職缺，只給基本工資，因此必須透過轉換工作，才能取得較好的薪資條件。

合理的薪資待遇

我和孩子約定，他必須在找到新工作之後才能離職，在知會前工作單位，和睦的情況下，轉銜下一份工作。到目前為止，孩子在工作上的轉銜都很順利，主管對他皆有不錯的評價，付出的努力也都能被看見，幾次職場轉換，主管都捨不得他離開，但也祝福他有更好的未來。經過這些年的努力，終於不再只領基本薪資，漸漸也能擁有一般人的薪資待遇，合理的薪資待遇，是正面的工作肯定，會讓工作更有動力。

我的孩子從 15 歲開始面臨問題，至今已超過 15 個年頭，任何事都是逐漸改變的，尤其是固著度很高的亞斯兒。現在他也和一般人一樣，有同事、朋友的交友圈，有正常的社交生活。「良好的關係，會使人生更加愉快！」今日的他，已經不是往日的獨行俠了！這個在心智上比較晚熟的孩子，難得在 30 歲的年紀，休假時仍願意和媽媽一起去

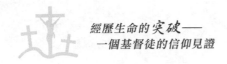
旅遊，我們在旅遊期間會聊很多事，即使他仍然會很堅持自己的觀點，但維持溝通總是好的。他對抽象的事物不容易體會，凡事都要親自經歷，才會相信，以前說破嘴也無動於衷，現在多少有些聽進去了。談話中，我發現他已經找到自身的定位，生命不再茫然無所適從。現在的他，樂於當一個快樂的亞斯伯格，不再那樣在意他人的眼光了！沒有什麼能比好好過日子，更令人滿意的事了！那個曾經令我傷透腦筋，不知他的將來要如何的孩子，如今已經可以讓我放心了！

感謝神一路的保守看顧

孩子能有這樣的今日，要感謝全能神一路的保守看顧，幾次職場轉換，都能找到友善的職場環境，這是唯有神才能做到的。我們永遠不會知道，會遇見什麼人，會發生什麼事，因此十分需要交託仰望神提供的幫助。我在神的引領教導下，看見孩子在耶穌裡的改變，他是相信神的，因為他能感受到神的幫助。一個人想要改變，首先要被軟化，才能被模塑，若是堅持冰冷剛硬的心腸，能被改變的機會幾乎沒有。

神只會呼召人跟隨祂，並不會強迫人跟隨，必須要有一顆甘心樂意的心，神才會動工。我們母子倆同心合一的

禱告，將一切交給神，由神來保守與看顧。在幾次職場轉換，都能找到友善的職場環境，有幾位主管後來都成了好友，在各方面都能繼續分享意見。這是我在 15 年前，帶著他四處尋求協助時，所無法想像的人生景況啊！

四顆水平智齒拔牙記

我的亞斯兒在平日的生活上，已經進步得非常多，但他仍舊是位亞斯伯格，尤其是在他感到恐懼、焦慮不安的時候。2022 年 8 月，他在一般牙科診所洗牙時，牙醫發現他的四顆水平智齒中有一顆已有囊腫（骨腫瘤），因為需要全身麻醉住院開刀，無法在門診進行手術，因此要他趕快到大醫院去處理。他非常怕痛及討厭牙科處理牙齒的器械聲，他一直挺幸運的，牙齒長得很強壯，沒有蛀牙的情況，所以對於洗牙這樣的例行檢查，總是採取閃躲策略，能免則免，沒有想到現今竟然是需要全麻的手術。

醫院的牙科門診醫生建議四顆智齒一起處理，因為左右兩邊都有囊腫，一邊狀況較為明顯，一邊狀況比較輕微，為了免除後患，一併處理比較好，這些都需要做病理檢驗（良性或惡性）。孩子有些猶豫，當他說：「我需要考慮」時，就是想要逃避問題了。幾年前的盲腸手術，因為怕痛不願意在手臂上埋軟針，以他需要時間考慮為由，差點趁

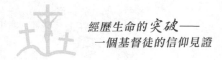

機溜出急診室，所幸被醫師攔下來。我只好拿出身障手冊，並告知醫生他在某些時候會很盧（一直重複地繞），最後他勉強同意，但是要求醫生不要讓他痛，醫生非常有耐心地和他做了充分溝通。

　　雖然排定手術日期，但是一定要有病床，才能住院開刀，疫情期間有部分病床供染疫病人使用，所以很難預料是否有床位。為此我多日向神禱告，祈求神的幫助並保守看顧一切，也發動親友及會友替他手術代禱。就在要辦理住院當日凌晨四點，9 月 16 日神說：「有病床了！」且在異象中，我看見是「靠近門口的床位。」我馬上起身開始打包住院用品，神是信實的，祂已安排了一切！孩子當日仍然照常上班，因為不能確定有床位，直到 10 點多才接獲醫院通知有病床，12 點就要辦理入院報到。辦理了住院，是我們期待的兩人房，而且正是靠門口位置的床位，心中無數次的感謝神！

　　自閉症的孩子，五覺感官的感知能力和一般人比較不同，能偵測到比較細微的異狀，因此有時會有比較不同的反應。孩子除了視覺、聽覺和一般人不相同；在嗅覺和味覺上，也會有不同感受，有時會說某些顏色的蔬果有怪味道，從小到大願意吃的蔬果種類比較固定；而在觸覺上，較不喜歡陌生人的觸碰，有時會有直覺性地防衛反射動作，他說無法克制，不知因何會這樣，尤其是很緊張、焦慮、

恐懼時。

　　就在護士小姐為他施打軟針時，因為疼痛的直覺反射動作，忽然用另外一隻手去揮護士正在為他注射的部位，在場的人都被他突然的舉動嚇了一大跳。（我在事前有先知會護理站，非常感謝護士們的體諒。）他對於有侵入性的治療行為，會有比較強烈的防衛舉動，對於打針一直有著很大的畏懼，對於這些必須承受的疼痛反應，我只能安撫他不要看注射部位，就比較不會感覺疼痛，忍耐一下就完成了，但他每回打針還是會忍不住地叫痛（他說連去打新冠疫苗時也是這樣）。我知道這會是一輩子要面對的課題，畢竟他的五覺感官感受能力和一般人確實不同，而一個人的一生豈可能無病無災，尤其是身體上的病痛，是無人能代替的啊！學習忍受疼痛也是人生中很重要的功課。

　　這回住院真的是恩典滿滿，同住病房的病人都很和善且包容，因為他總是能感覺到很輕微的疼痛，連護士在他埋設的軟針裡注入藥劑，而不是直接注射肌肉部位，都會疼痛叫出聲來。主治醫師來巡房時和他聊了很久，也能理解他的感官知覺比較敏感的部分，醫師給了孩子很多鼓勵，並說挺欣賞他比較特別的特質和能力。長處能用在適當的地方，潛能可以得到適當的發揮，會是個很好用的人才。敏銳的偵錯能力，確實執行每個步驟，以求精確避免出錯，都是很好的特質。感謝游醫師給他最好的醫療照顧，

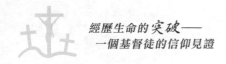
讓這位非常怕痛的病人，有良好的住院經驗。

我的亞斯兒對於許多事，都能原貌重現、原音重現，只要他想記住的事，不論過了多久，都能複述的完完整整。我常常告訴他，記住美好的經驗就好，不美好的事盡量忘記，不然人生中會充滿不愉快的回憶，如何能有愉悅的人生？不知道這樣的話語，是不是有列入他想記住的事？只要媽媽在，一定會一直很囉唆，直到想聽囉嗦也聽不到的時候。

讓神居首位

十三年前，耶穌進入我的生命，我將重擔交給祂，任何事有主與我一起承擔，自然輕省很多，因為主擔負了更多的部分。2022 年 2 月 9 日神說：「有的人最愛自己，這樣的人，很難讓神居首位！」這是神對人的看見，提醒著我們，怎樣的人才能讓神居首位！

人的能力事實上很有限，所有能力的來源，都必須仰賴神的給予，以及聖靈隨時的幫助。讓神居首位，祂是頭，我是肢體，我認為這是再好不過的安排，而人生也唯有這樣，才能輕省，活得輕鬆自在。事實上，神總是關心我身上發生的所有大小事，祂總是愛屋及屋，不只我本身獲益，我的家人也獲益，因此我總能「全然交託、全盤接受。」

因為神的安排自有祂的美意，我是深信不疑，這在日後必定能夠看見。神是超越時空的存在，沒有理由不聽祂的，唯有祂方能看清一切，不管身處何處都能掌握全局。

「應當一無掛慮，只要凡事藉著禱告、祈求和感謝，將你們所要的告訴神。」（腓立比書四章 6 節）一個人想要能夠一無掛慮，就要真的在禱告、祈求和感謝之後，全然交託給神來處理，我確實是用這樣的方式，來面對生命中的困難。

嚴重的骨質疏鬆

我的先生發生意外事故至今，轉眼十六年了。這些年來，因為嚴重的骨質疏鬆，多次骨折之後，現今背已駝得厲害，走路的步伐越來越小，即使他每天仍然很努力的，在家中進行走路復健，但身體比一般人老化的更為迅速，他的弱側比健側萎縮的更快，因此身體正在失去平衡。有日帶他看牙醫，發現他右後方的大臼齒，已經動搖的很厲害，恐怕是保不住了。因為他施打「保骼麗」（骨質疏鬆的藥劑）已經有幾年的時間，這種藥物可能造成拔牙時大出血，這是個兩難的問題。因此醫師建議目前先維持這樣，牙齒能保留多久是多久，不急著使用外力拔除它，因為拔牙風險較一般人高太多了。

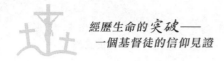
　　很多時候，人的力量真的很有限，因此我將先生的牙齒和牙床（牙周病）問題禱告之後，交在神的手中，由主來保守一切。經過幾個月的追蹤治療，牙齒雖然仍會搖動，但已經沒有不適感，牙齦狀況也有改善，以後只要每半年洗牙即可。江醫師說他很佩服先生，在肢體不方便的情況下，仍努力維護牙齒的健康，一般有嚴重骨質疏鬆的患者，牙齒狀況也比較不佳，加上施打骨質疏鬆的藥劑，治療起來更為棘手。我們很慶幸遇到一位仁心仁術的醫師，不但詳細說明先生的狀況，並且教導我們如何使用潔牙工具，維護牙齒的健康。我為一切感謝神，總是安排這樣的幫助者在我們身邊。

　　我先生身體的老化程度是不可逆，不會更好只會更糟，能夠減緩衰老的速度，已經是最好的狀況了，這是物理治療師早就告知的情況，至於能夠維持多久，都是未知的事。先生自己也很明白自己將要面臨的情況。他說最害怕的，就是不能行走，即使走得再慢，也好過不能行走，還能走路，是他最卑微的願望。這是失去某些能力的人，才能體會的。我無法想像如果不倚靠主，要如何度過生命中的每一天？

　　《聖經》上說：「**愛裡沒有懼怕，愛既完全，就把懼怕除去。因為懼怕裡含著刑罰，懼怕的人，在愛裡未得完全。**」（約翰一書四章 18 節）是的，我在主的愛中，已經

不再膽怯也不再憂愁，有了聖靈的引領，內心再也沒有憂慮和恐懼，愛我的神，會與我共同面對未來，再大的困難也會幫助我度過，如今的我很滿意我的生活，因為有主萬事都已足夠。

人和神之間的關係

基督信仰非常重視人與神的關係。天父和我們，就像父母和子女的關係，越是親密，越是無話不說。我向天父禱告，就像和親愛的爸爸聊天，什麼都對祂說，而祂比我更了解我自己，也更知道我會面臨的問題。遇到問題就找祂問，以我的經驗，要很坦白誠實的告訴祂正面臨的困難，不要有所隱瞞，那是一個交心的關係，神要我們用誠實無偽的心來面對祂。其實我們即使不說，祂也全部都知道，但是神要我們向祂祈求，將所需要的告訴祂，雖然祂早已預備，只等我們開口。

我習慣在每天睡前禱告時，私下用悟性和方言禱告，即使沒有什麼事，也會將一天中的生活瑣事和祂閒聊，有時也發發牢騷。神是很好的傾訴對象，要成為隨時的幫助，需要全然信靠的信心，越是順服，越是蒙福，一定是真的。這和親子關係其實是一樣的，如果父母的勸告，孩子願意聆聽，父母就會願意說，也會多加關注；但是如果孩子不

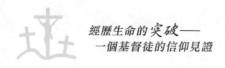
願聽從，甚至出言頂撞，父母也會閉口不言，任由他去了。我們和神的關係也是如此，要牢記，「悖逆」和「背恩」是神最不喜悅的。

有許多讀者表示，很羨慕我和神的關係，其實這樣的關係，每個人都有機會經歷，也能長期擁有好關係。只是每個人和神之間的關係都是個別的，要靠自己去建立，這是誰也幫不上忙的。至於方法如何，可以互相交流分享，與神建立關係，永遠不會太遲。信主前的我，是個膽小軟弱又缺乏自信的人，而神看重又弱又小的人，耶穌願意幫助每一個需要幫助的人。

耶穌憐憫罪人、女人、窮人、身體有殘疾的人、以及被眾人歧視的人，祂伸手幫助並醫治這些人。我也是蒙主醫治身、心、靈才逐漸健壯起來，醫治全人的耶穌是唯一真實的存在。我是一位蒙大恩的女子，現今的我心靈十分富足，因為神給我滿滿的恩典與祝福，享有神所賜的平安和喜樂，是再美好不過的人生了。

聖誕老公公的節日

2021 年 12 月 27 日神說：「聖誕節是人忘記主耶穌的日子，因為人的眼中，只看見禮物！」禮物是一種慾望，而人想要從物質世界得到這一些，聖誕節沒有送出禮物，

沒有收到禮物，彷彿就虧欠了誰！現今聖誕節是聖誕老公公的節日，因為聖誕老公公是送禮物的好人，因此受到人們的歡迎。

耶穌並不是聖誕老公公，也並非有求必應，但是祂所給予的，一定是對人有益處。耶穌曾說：「財寶在哪裡，心也在那裡。」大多數人仍在追求，屬這世界的財寶，而不是屬神的財寶，那不是物質而是靈性的產物，是連盜賊都無法取走的「珍貴品格」。

我們當要省思，神因何如此直白地，指出祂的看法，神的恩典是白白的禮物，但大多數人不想要，而人想要的，是在生命的末了，帶不走的禮物。可見聰明的人不多，有智慧的也不多，這是因何無法得到神的眷顧，擁有神所賜的智慧和能力。一個人即使擁有物質界所有的禮物，能見到的仍不是充滿光明與盼望的未來，且錯失與神同在的機會。

人必須倚靠耶穌，才能走在正確的道路上，是通往神的道路。人生中會有很多時候，像是走在黑暗的隧道裡，一段又一段，但是只要有耶穌的相伴同行，就不需要害怕，因為再過不久，必然可以見到隧道口的亮光。如果你的一生總是在黑暗中走不出來，請你尋求耶穌的幫助來帶領你，穿過這段最不容易的路程，光明就在不遠的前方。

第 7 篇

尋求生命的突破

生命就是要跨出不同的步伐才能突破，否則人的一生只能
在原地打轉。人總要在事情告一個段落，才發現一切都在
神的手中，而我在事件中學會更信靠神。

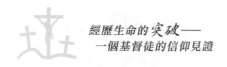
檢視生命的改變

當神給我「尋求生命的突破」這個主題時，我知道這個主題不只是提醒我個人，更是要給大家的。2022 年 1 月 19 日神說：「面對生命的困境，最需要的是突破！」一個人的生命若不尋求突破，那麼即使過了十年、二十年、三十年……仍然還是那樣。

4 月 12 日神說：「人需要擔心的是，因何總是在原地繞圈子，無法前進？」在基督裡，一個在信主前、信主後完全沒有改變的人，無法成為新造的人，當要省察自己，仍舊依靠自己還是倚靠神來面對生活。接受基督信仰最大的益處，就是在生命中加入「耶穌基督」與「聖靈」這樣的新元素，讓生命有更新變化的機會。時間是最好的檢視工具，五年前的生命景況和五年後的生命景況，是否有些許不同？是不是往對的方向前進了，有耶穌與聖靈所引領的方向一定會是對的，而被引領的人也必然會有突破性的改變。

為我一個人作祝福禱告

大約在五、六年前的一次主日聚會，一個來自國外的團體來教會進行主日講道，除了有牧師的講道，也有表演

性的節目演出。當聚會進入尾聲，牧師在台上呼召，有沒有人想要尋求生命的突破？願意者請走到台前，接受牧師的祝福禱告。在當時，我自覺有這樣的需要，於是鼓起勇氣走到台前，我以為會有其他人一起走出來，沒想到最終只有我一個人站立台前。

牧師（外國人）用我聽不懂的語言，為我一個人作祝福禱告，這件事令我印象深刻，因為只有我一個走到台前，令我十分不自在。在這之後的幾年，我連續幾年和主耶穌合作了幾本書，不知道是否和那位為我禱告的外國牧師有關？我不知道他是用他的母語或方言為我禱告，反正就是我不懂的話語，但是在那之後，一連串奇妙的事發生了，當我願意走向台前，這代表我的決定，也是對於尋求生命突破的渴望。

不同的階段任務

一直以來，照顧肢體不便的先生，就是我生活的日常。身為基督徒一直想要為主做點什麼，來報答神的恩惠，卻又不知道這樣不自由的身體，能夠做些什麼？神是深知我的，但是祂有自己的時間表，自從認識主耶穌之後，我在各個階段，確實都有不同的任務，也成為我日後寫作的題材。在主愛中，我有著為主作工的熱情，對於所熱愛的事

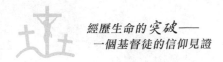
物，心中必然也要有愛。

　　神會使用個人的天生特質與熱情，歸屬於命定，所擁有的自我認同、生命價值、人生意義都息息相關。當我走向神，才能活出我的命定，發揮生命應有的生命價值和意義。

領受輕省人生的受益人

　　我在13年的基督信仰的生命過程中，經歷了「重生」、「得救」、「領受聖靈」、「領受恩賜」的過程，我是深深體會有神同在的好處，有聖靈指引不再依靠自己過生活，是如何輕省的受益人。神希望我們倚賴祂，使我們受益，也希望我們幫助他人，使他人也能受益，「萬事都互相效力，叫愛神的人得益處。」這是我們常聽到引用《聖經》的話語，而事實正是這樣，愛神的人之所以能得益處，是因為人與人之間互相效力，而使得萬事都能得到幫助。

　　當然首先我們必須先學會，主耶穌教導我們的方法，向神叩門。「你們祈求，就給你們；尋找，就尋見；扣門，就給你們開門。」（馬太福音七章7節）凡是有想要去行的動機，必然獲得神的應許，「祈求，就給；尋找，就尋見；扣門，就開門。」這並非基督徒專利，神愛祂所創的每個人，至於是否願意成為祂的兒女，是每個人的選擇，但是當你

找到真正愛你的神，你會捨得離開嗎？我是一個心思意念單純的人，也聽從心裡的聲音。

5月4日神說：「尋求生命的改變，要有一顆願意的心。」有一顆願意的心，神才能改變我們，而我們也才能被改變，接受改變需要勇氣和毅力，這是勇敢走向生命改變的提醒。

進入全電腦時代

近 60 年來的變化，改變實在不小！一個世代大約是 25 ～ 30 年，因此不同世代的養成環境也差異甚大。我的孩子的世代，是在電腦普及的生活模式下長大，而我小時候的成長環境裡，電腦尚未出現。人類從無電腦時代進入全電腦時代，這個差距實在很大，而我正是處於這樣的世代。

我不習慣使用電腦，對於電腦能不碰就不碰，使用電腦打字和使用紙筆來寫字，除了習慣上的不同，在情感上也不一樣。年近六旬，正是很多事都容易遺忘的年紀，我珍惜仍然能動筆寫字的日子，「用進廢退」這是無法避免的事實，對於一個已經由職場退下來的人來說，這樣並不麻煩，而是有咀嚼文字的樂趣，即使孩子認為我這樣的方法很笨，我也甘之如飴。

一直以來，我習慣使用智障型手機（只有通話功能），

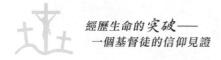

但為了能加入 line 群組方便連絡，只好換成智慧型手機，但我不常看它，也不習慣隨時帶在身上。我當然知道手機、筆電有很多方便的功能，但是我不想由它們來控制我的日常生活重心。現今世代的年輕人，只要擁有一支智慧型手機和一部筆記型電腦，就能搞定生活上的一切，甚至能填補生活中的所有空缺，他們每天盯著這兩樣東西的時間，幾乎快要成為生活的全部了。

代溝是裂縫逐漸擴大造成的

　　不同世代的人，由於生長環境及生活經驗不同，在思想、態度及行為習慣等各方面，發生歧見或衝突，稱為「代溝」，通常是指家人、親子間，在各個層面的認知差距。我們都知道，溝是裂縫逐漸擴大而造成的，有時甚至會成為難以跨越的鴻溝。常見的家庭衝突有家庭分工、經濟方面、意見與習慣引起的衝突。

　　一個家庭裡，只要是生活在一起的人，不論是夫妻、親子、手足、婆媳……等，都很容易產生衝突，這是很平常的狀態。親人之間的相處，往往「心直口快，有話直說」，造成彼此內心的不愉快，而產生爭吵、爭執，這是因家人相處少了相互的尊重。以為自己是為了對方好，未經過思考就脫口而出的話語，往往會闖下大禍，甚至在爭

執中採取撂狠話，或是嚴厲指責的方式，在自尊心受到打擊的情況下，情緒往往無法控制，就可能產生暴怒感，轉而用攻擊行為來宣洩情緒，失控抓狂。

當人感到委屈、冤枉、被不公平對待，就會忿忿不平，而萌生怨恨感。怨恨感會導致最多的負面行為，因此傷害也是最大。衝突之所以會有不良影響，是因為當人停在負面情緒裡，會陷入不斷「反芻」而造成惡性循環，在衝突中最忌「火上澆油」，必會帶來很大傷害。

家庭衝突一直是千古難解的問題，我們總認為與人衝突是不好的，應該要盡快平息，但在家人之間的衝突卻是無法避免。很多人遇到衝突時，經常認為「忍一時」就會風平浪靜，但這往往為下一次爭執埋下伏筆。有時光有正面心態，也不能解決或避免衝突，就是因為彼此相處已出現問題，才會產生衝突。爭執當下難免心煩意亂、憤怒難過，甚至有悲傷的情緒反應。在雙方都情緒高漲，盛怒之下脫口而出的話，往往是傷人又傷己的雙面刃，一面刺傷別人、一面刺傷自己，有時更會造成無法彌補的遺憾！

慘痛的人倫悲劇

近日一則人倫慘劇的新聞，一把火燒毀一家 11 口人共同居住的鐵皮搭建屋，造成屋內 4 大 4 小共 8 人葬身火窟。

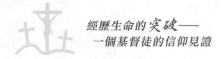
縱火者是家中 31 歲的小兒子，命喪火場的包括他的妻子和三個子女。這起縱火案的導火線，據說是起因於母親叨唸小兒子，使用過的兩個碗沒有洗而引發，再加上稍晚嫌犯向父親要錢未果，父子倆發生嚴重口角衝突。嫌犯一氣之下到加油站買了 20 公升的汽油，澆在住家門口的一排機車上。

這棟鐵皮屋的一樓是輪胎行，二樓則是全家人居住的地方，案發當時已經是晚上十點多，孩子們都在二樓睡覺了。失火時，原本在一樓的大人，急忙衝往樓上要去救小孩，但因為屋內全是易燃物，且鐵皮屋禁不起大火焚燒而塌陷，八個人全部葬身火海。屋主的大兒子因為染疫居隔而逃過一劫，屋主忙著找人來救火所以沒有受傷，而小兒子則是受到嗆傷和燒燙傷被送醫救治，所幸沒有大礙。

這位年紀輕輕的縱火犯，平日和父親一起工作，曾有竊盜、詐欺、毀損前科，平日被叨唸比較多，經常和父母起衝突，沉迷線上博奕遊戲，一旦缺錢花用就會向雙親要錢，而這起憾事肇因於他向父母要錢未果，引發口角衝突，憤而縱火。他辯稱只是想要嚇嚇父親，不料煙蒂掉落才引發大火。父親則說是親眼目睹他將一團紙點火後丟出，造成無法收拾的後果。

看見現今世代的縮影

這起自家人縱火燒死自家人的慘案，造成社會上很大的討論，而這把火也燒出了許多值得探討的問題。這是一個三代同堂的大家庭，嫌犯才 31 歲已是三個孩子的父親，父母親協助他幫忙照料三個孩子，他幫父親工作，也由父親供應一家人的生活。這個已經 31 歲的小兒子，顯然還十分不成熟，仍像個血氣方剛的青少年。每個人內心的成熟度並不一定隨著年齡而增長，尤其是比較自我中心的人，很難聽進別人的勸告，也不願意向有經驗的人學習，總是覺得自己想的才是對的，而別人都是錯的。一個人總是自以為是，就會錯過很多學習機會，和借助他人經驗而成長的機會。

這起縱火案和金錢利益也有關連，鐵皮屋的土地有都更的問題，父子之間觀點不同。弟弟長期認為父母偏心，必定會將有利的部分給哥哥，因而心生不滿，長期累積下來的心結，爆發了玉石俱焚的報仇心態。以火洩憤的結果，就是造成屋毀人亡，再多的懊悔也挽不回痛失至親的遺憾！而失去所愛之人的傷痛，將是活著的人，一輩子最殘酷的折磨。

家人之間是關係最密切親近的一層，生活中的衝突經過長期累積，就會導致情緒的壓力鍋爆炸，是不能忽視的

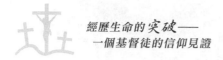
問題。當一件事卻被刻意漠視或是逃避解決時，總會讓事態往壞的方向發展，這是每個家庭都要引以為戒的問題。一家人之間發生衝突，往往真實呈現雙方的想法和觀點的不同，避免衝突只是消極逃避，維持表面上的和諧，對於雙方彼此的不滿，只是壓下來並沒有消失。良性溝通需要彼此的同理心，看見彼此的狀態和需求，給予對方適當的回應。家庭衝突所產生的裂痕並非不能修補，但是需要用心去努力，找對修補的方式才會有效。

這個小兒子的一家五口，曾經短暫搬離家中，又搬回來住，顯然一家五口在外租屋，而夫妻中必須有一人留在家中照顧三個年幼子女，只靠一個人的薪資，要支付房租、又要維持一家五口開銷，並不容易。三代同堂的好處，是祖父母會協助照顧孫子，讓年輕夫妻能工作賺錢，在家人互相協助下，至少基本的溫飽沒有問題；壞處則是難免要受到大家長的嘮叨或指責，因為每個人的生活都一目了然。

小兒子常與父母起口角，是比較叛逆衝動的個性，他在家幫忙輪胎行的生意，和父母相處的時間也相對多，生活中衝突越多，越容易累積憤怒。再加上他認為父母長期偏心哥哥，因而引發手足間的嫉妒、紛爭，嫉妒往往是內心中的一把火，經常引發怒氣。手足間因認為父母偏愛誰而引發的嫉妒心，在所有擁有兩個子女以上的家庭，是很常見的現象。自古以來發生在手足之間的爭競、比較、紛

爭，而引發的不滿，一直都是難以解決的問題。

不可否認，父母對眾多孩子可能會有某些因素上的偏愛，有很多時候是因為排行或個人特質，還有雙方情感互動的模式比較契合，認同度也較高，因此被視為偏心。但是我相信每個子女都是父母的一塊心頭肉，手心手背都是肉，不管傷了誰，都會感到疼痛。現今世代的子女，生長在富裕的年代，卻往往將父母對自己的付出與愛，視為理所當然，認為父母生下我，就需要負責，是你們將我帶來這個世界，承受諸般的痛苦。越不順遂的生活，往往也越容易抱怨父母、心生嫌隙，心裡的距離越拉越大，逐漸形成代溝。長期下來，溝通不良之後就不再溝通，或是有溝沒有通。「親子問題」一直是人生中最難的功課，凡有子女者都需要面對的課題。

不同世代的難處

不同世代有不同的難處，我所生長的世代，是經濟正在轉好的世代，當時父母生育的子女數較多，教養方式普遍是「打罵教育」（不打不成器），大家也見怪不怪，但是很多嚴厲的父母，確實讓孩子很受傷。

來到我們成為父母的世代，生育子女數已大幅減少，主張用「愛的教育」來教養孩子，對於子女的期待也有了

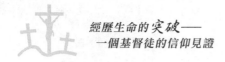
很大的改變。當生養孩子求精良，父母於是花更多心思來教導孩子，花費很多的補習費用來培養藝術才能，帶著孩子四處旅遊增廣見聞，都是因為我們這個世代更重視生活品質。

因為不認同上一代父母的教養方式，因此尋求更多專家意見，不但注重孩子的潛能開發，給予孩子更多的自由、更大的揮灑空間，更加重視孩子的心理素質，以及各方面的健康。我們期待自己是完美父母，可以教養出完美子女，很多人為自己的盡心盡力感到自豪！然而事實上，不管身處哪個世代，即使教養方式再不同，既沒有完美父母，也沒有完美的子女，這些都是個人想望而已，期待和事實往往並不相同。

時代的巨輪只能前進不能後退，每個世代都在懊悔中度過。我們絕對想不到，我們呵護和看重的孩子，他們成長之後，看電腦的時間比看我們的時候多更多，他們認同電腦勝過認同我們。現今世代的孩子，他們比我們更自信，但也比我們更自我，他們比我們更早知道自己想要什麼，也更懂得怎樣追求他們想要得到的。但因他們生長在物價更高、薪資更少的世代，生活也並不容易。

現今世代的年輕人，很多抱著不婚不生的想法，而30～40歲之間的適婚人士，表示若想建立家庭，以目前的薪資所得，即使是雙薪，要維持一個家庭的生計也非易事！

買房、買車、養孩子是想都不敢想的夢，現在他們連夢也不做了！他們反倒更為自己設想，不想失去擁有獨身自由的權利。有年輕人直白的回答我：「結了婚，也可能會離，那麼麻煩幹什麼？辦了結婚還要辦離婚，反正合則來，不合則散！對於現今的分分合合看多了，生孩子就不用了吧！省得製造問題，自己能顧好就不錯了。」

原諒是很重要的功課

　　不同世代之間，對於價值觀和思考模式差異大並不讓人意外，但同個世代之間也同樣存在著這些問題，若在性格上較容易造成對立，誰也不服誰的結果，爭吵就難以避免。在人與人密切的關係中，不論是夫妻關係、親子關係、友伴關係所造成的溝通不良或無效溝通，就會引發「冷戰」或「熱戰」的結果，不管怎樣都是傷感情的。人的眼睛只看見別人，看不見自己，因而我們往往只看見別人的缺點，而看不見自己的缺點，常常流於相互指責的循環裡。這種不和睦的關係，必然事出有因。相互間的不理解、不諒解、不信任，經常演變成相互間的傷害，而傷害容易被記住，不易釋懷。

　　「原諒」是人生中很重要的功課，不原諒的心會造成更大的仇恨與傷害，不是傷了自己，就是傷了別人。我曾

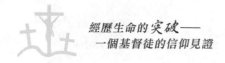
經也是這樣，對於受到的傷害耿耿於懷，也怨恨那些傷害我的人，直到我認識了主耶穌，聽從了《聖經》的教導。**「你們饒恕人的過犯，你們的天父也必饒恕你們的過犯；你們不饒恕人的過犯，你們的天父也必不饒恕你們的過犯。」**（馬太福音六章 14-15 節）從此原諒人、饒恕人不再是困難的事。

《聖經》也教導我們：**「生氣卻不要犯罪，不可含怒到日落。」**（以弗所書四章 26 節）人是血肉之軀，有各式各樣的情緒，生氣是最容易被引發的。一個人不可能不生氣，因此神的話語教導我們如何面對生氣，即使再憤怒生氣也不可達到犯罪的地步，提醒我們不要含怒到日落，就是不要累積憤怒。長期累積的憤怒，容易產生怨恨，而怨恨往往一發不可收拾。人在吵架時容易情緒失控而口不擇言，說出最狠毒的話來傷害對方，而後果往往會造成無法彌補的傷害，且種下難以恢復的心結，造成彼此間成見日深，難以化解的情況。

屬血氣的情緒問題

一個人只要存活在這個世界上，就必然會有很多需要面對和解決的問題，我自然也不例外，但凡血肉之軀，就會有屬血氣的情緒在其中，生活中的許多人、事、物，往

往就是造成生氣的主因，越是親近的人，就越容易產生一些情緒上的不快。我承認自己會因為對方的言語或行為影響了自己的心情，特別是「憤怒」或「悲傷」這兩種情緒，而對方的感受也正是這樣，家中成員最容易在這種循環裡疲憊不堪。

一家四口同框的異夢

前一段時間，我因為感染新冠病毒而被居隔，由於家中只有我染疫，因而在他處居隔。居隔期間，我一連兩日做了同樣的夢，夢中我們一家四口在一個陌生的房子裡。但那似乎是我們已居住很久的家，我的先生是他尚未出事前的模樣，兩個孩子則是高中階段的模樣。我和坐在身旁的孩子，正在討論選擇學校的事，而另一個坐在一旁聽，因為很快就會輪到他了。顯然我們談得並不順利，孩子總是不發一語，情況陷入僵局，因此我要在身旁走動的先生也加入討論，夢就醒了。

夢醒後只覺得奇妙，我從來沒有夢見過像這樣一家四口同框的畫面。雖然連續兩天夢到同樣的夢境，心裡並沒有多想，只是感嘆，如果我的人生是那樣就好了！我在夢中的孩子是高中要升大學的階段，而事實上我在孩子一個上國一、一個上高一時，先生早已因意外而倒下，由我一

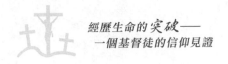
人獨挑大樑了。

火山爆發噴發怒氣

當我居隔結束回到家中，發現屋子凌亂不堪，連垃圾也無人去丟，因此臭氣沖天，頓時火冒三丈，覺得家人很不同心。這些事平日是我在做沒錯，但我是因為染疫，為了不傳染給家人才被迫離開家居隔，而這段日子，竟然是該做的家務沒有人要做，放任垃圾腐爛發臭。我們的社區，垃圾是集中處理，只要願意動手，隨時都可以拿去丟棄，但是沒有人去做這件事。我真是氣瘋了，不禁大吼：「這個家難道只是我一個人的嗎？只有住我一個人是嗎？」大病未癒的身體，還有很多不適的症狀，但是同住在一個屋子裡的人，竟然如此不懂得互相體諒。當天我發了一頓很大的脾氣，怒氣有如火山爆發、久久不散，平日在言語上比較容易產生不快的孩子，便和我起了很大的衝突，最後他決定搬離家中。

我忽然想起居隔時做的夢，夢中的主角正是我和他，這種預告性的異夢，往往是有事情要發生前的預告，但人總是後知後覺，總要等到事情發生時才恍然大悟，原來這個夢早在兩週以前就預告了。頓時我害怕孩子會發生些什麼事？神在事發前往往會給我預告性的異夢，神的靈才有

預告未來的能力，那並不是以人的腦力可以編造出來的。人本身並沒有預告的能力，不管是人的靈或人的魂，這是因何我很看重異夢的原因，那是來自聖靈給的預告。因為人是連下一秒要發生的事，也無法知曉的。

曾在拙著《經歷生命的奇蹟》中提及自己在高速公路上迷航的事件，那也是源自一個異夢，夢醒之後覺得奇怪，不料幾個小時後，就接到孩子盲腸炎要開刀的訊息。每個人是因自己不明白接下來會怎樣，才會有害怕、憂慮的情緒，每件事情的發生，都必然有其原因和需要經歷的過程。因為我只是個人，無法知道事情會如何演變，因此心中感到擔心，不希望發生什麼不好的事，來不及阻止它的發生。人總要在事情告一個段落，才發現一切都在神的手中，而我在事件中學會更信靠神。

神的安排自有祂的美意

2022 年 5 月發生了一連串的事。5 月 15 日神說：「孩子心中有不原諒的靈！」我在 5 月 30 日居隔返家和孩子爆發衝突。6 月 1 日神說：「你要失去一個孩子，還是要尋回一個孩子。」我當然不想失去，而是要尋回啊！當孩子告知會在兩週後搬離，在他離家之前，我仍然試圖挽留他，並向他認錯、道歉，請求原諒。這次事件，確實是我做錯

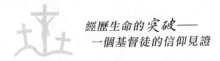

的比較多，失去控制的怒火，甚至動手打了他。聽聞許多孩子在這種情況下離家，從此音訊全無，不再與家人連絡，朋友提醒我不要讓孩子在憤怒中離開。

這段期間，我忐忑不安地過日子，看著孩子打包東西，不斷地為孩子和我的關係禱告，並求問神。6月11日神說：「先有失去，才有尋回。」不料，6月12日他就搬離家中。在他離家時，我對他說：「如果住得不遠，就常回來看看我們。」他不願意讓我知道他的住處，很多的答案都是「再看看」，但有答應會回應我傳給他的訊息。在離別前抱了他一下，希望他能感受到一個母親的心，對他離去的百般不捨。

從我5月13日做了異夢，到孩子6月12日離家，相距一個月的時間。隱約覺得「神的安排自有祂的美意」，雖然我尚不能知道因何會這樣？自從孩子離家後，不免心中牽掛，我知道他的怒氣未消，短時間內恐難再見面。我為此感到傷心難過，因為我尚未得到他的原諒，我們之間的心結不知何時方能化解？不否認親子之間的相處模式，言語上不如對外人講話時客氣，態度上也比較隨便率性，家就是要放輕鬆過生活的地方，事實上不該充滿壓力。神曾說：「有愛的地方才是家，不然房子就只是房子而已。」這對於每個人都是很重要的提醒。

一位千里尋子的父親

孩子離家後的日子，真是度日如年，心情十分沮喪，吃不下、睡不好也笑不出來，面容憔悴，加上因新冠染疫的病情久咳未癒，讓我對生命歷程感到疲憊不堪。愛我的神，祂用各種方式引領我，對生命有不同的經歷和看見，這段日子，我不斷為恢復和孩子的關係禱告，也祈求神的幫助。6月16日神說：「浪子回頭，是有了新的體悟才會回頭。」耶穌在浪子回頭的比喻中，講述一個離家的孩子，在外面經歷了許多事情之後，再度回到父親身邊的故事。我多麼期待早日見到孩子回來的身影，正如那位喜出望外的父親。

經歷了兩週的煎熬，終於忍不住要求牧者為我禱告，希望孩子早日歸來。說來也十分奇妙，就在7月2日那天，我無意間在電影頻道中看見《失孤》這部電影，這是2015年5月上映的華人電影，劇情描述一位千里尋子的父親，他的兒子在兩歲半時於自家門口玩，卻被人口販子抱走拐賣，這是部真人真事所改編的電影，原形人物是位農民，孩子失蹤後散盡家財，只為尋回他的孩子。找尋孩子的24年間，他騎機車跑遍中國各個省份，騎了近50萬公里的路程，報廢了十輛機車，傾盡所有只為尋回孩子，為了知道他現今在哪裡？日子過得如何？終於在電影放映的6年後，

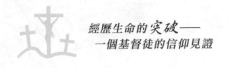

歷經 24 年找到他的兒子，這鍥而不捨、堅持尋找被拐賣的孩子的新聞，曾經被國際新聞報導。

　　千辛萬苦尋回的孩子雖然團聚了，但是親生兒子卻選擇了仍然與養父母同住，很多人責怪孩子辜負父親的一片苦心。這個爸爸令我很佩服，他將買走他孩子的養父母視為親戚往來，他說：「我唯一的想法，就是孩子能過得好。」兒子再相見時，已是 26 歲的青年了，養父母視他如己出，有兩個年齡大上很多的姐姐。他上過大學，目前擔任教職工作，養父母及姐姐對他很好，為他買房、買車也很鍾愛他。孩子表示養父母年紀比親生父母大上許多，因此先照顧養父母，並承諾會時時回去探望親生父母，取得父母諒解。

　　這位尋子 24 年的父親不只是自己找孩子，也幫助其他失去孩子的人找孩子。他說：「父母的心就是想要知道孩子的下落，知道孩子究竟過得好不好？尋回的孩子有許多受到不好的待遇，生命很破碎，尋回之後也引發很多問題，但是努力尋回孩子，仍是身為父母的心願。」看了這部電影，了解了這個故事，心中十分汗顏，但也從中得到心靈上很大的釋懷，別人尋子 24 年，而我才經過 20 天啊！

奇準無比的異夢

我心中的擔憂不是沒有原由的，因為神給的異夢經常奇準無比，必定有事會發生。細數我的父親往生前的異夢，我的母親往生前的異夢，以及堂妹發生事故前見到的異象，孩子盲腸炎開刀前的異夢，以及這回的異夢。神深知我內心的感受，因此提前給我預告，並知道一切都有神的作為在其中。在這次的事件中，看見自己有多麼害怕失去，這是我心中最大的罩門。當我在面臨失去時，必然會承受很大的傷痛，而且往往在悲傷的情緒中無法自拔。一個為主作工的人豈能如此軟弱？後來我明白這是一個「面對失去」的考驗，因為處處可見神工作的痕跡。

我知道當一切有許多的湊巧、剛好和偶然，必然有神的作為在其中。不明原因的染疫（我是很小心的人），因為身體的不適所引發的一場難以收拾的暴怒，因而造成孩子離家。每一種經歷都讓我有深刻體會，更能同理有相同經歷的人，並學習倚靠神去面對各種不同的景況。這次神讓我看見，內心的脆弱心靈是如何不堪一擊。

6月20日神對我說：「寡婦即使死了兒子，也不會沒有指望，可以把小愛化成大愛。」祂又說：「拋棄小情小愛，才能成就大事。」6月29日神提醒我：「交給神就不用再管了！」就在7月5日，孩子回家來，說是看他鍾愛的兔

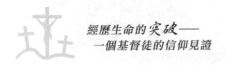

子，當然也看了我們。雖然只停留一下就離開，但我明白他並沒有斷了聯繫，頓時放下懸掛的心。自從先生出事之後，深深體會平安才是人生中最重要的事，因為失去平安的心也失去了一切，我無法忍受不知孩子去向、不知他是否平安那忐忑的心。

　　事情告一個段落，對生命有了新的看見之後，神鼓勵我要有嘗試新事物的勇氣。6月9日神說：「本著誠實的心，說誠實的話，做誠實的事！」這是神對我的叮嚀，是為主作工的基本原則。6月16日神說：「突破就是做以前做不到的事。」我知道這需要有足夠的信心和膽量才能做到，而我願意試著去行。生命就是要跨出不同的步伐才能突破，否則人的一生只能在原地打轉。7月15日，神對我說：「為神捨的，也必從神獲得。」我知道自己尚有未完成的任務，我必定會遵行神的旨意行，擱下個人的小情小愛，因為生命苦短，不要裹足不前，還有很多事正等著我去做呢！

科幻小説家倪匡

　　5月26日神說：「不是要說服，而是要順服。」一個不順服神的人，用再多的說服也是沒有用的。人習慣倚靠自己的聰明，而不願意認定神的智慧，但是真正有智慧的人，卻願意順服神的教導。科幻小説家倪匡說：「信耶穌

是最容易的信仰，因為只要信就對了！」他說信耶穌後，改掉了很多壞習慣，這是單靠自己做不到的。連他這樣經過人生大風大浪的人都這樣說，相信必然是在過程中有很大的體悟。倪匡不只寫小說、也寫劇本，他是一位不斷突破生命框架的人，不為自己設限，因此有著豐富的人生經歷和豁達的人生觀。2022 年 7 月 3 日他蒙主寵召回天家了，即使他這般天才型的人物，也必須依靠耶穌才能過上寬廣的人生。

尋求突破需要神介入

　　人想要尋求生命的突破，沒有神的介入幾乎是不可能，我們無法靠自己來改變自己，因為舊性情必定會死命拖住我們，光是肉體的情慾（身體的慾求）、眼目的情慾（眼睛所見的慾望），就很難以克服，何況還有今生的驕傲（看自己比別人高）都是很難以對付的舊性情。一輛卡車，分為車頭、掛鉤和車體，車頭因為掛鉤拉動車體，而掛鉤就是我們和神的連結，神是車頭，沒有掛鉤就無法拉動我們，將我們拉向正確的方向，唯一能拉動我們的是神的手。神並不勉強人，因此掛鉤（與神的連結）必須是由我們自己掛上去，這是一個決定，也是改變的開始。

　　現今人們很需要神的介入來改變生命，藉助神的智慧

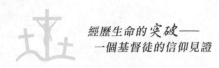
與能力,來柔軟人們剛硬的心。神曾應許:「**我也要賜給你們一個新心,將新靈放在你們裡面,又從你們的肉體中除掉石心,賜給你們肉心。**」(以西結書三十六章 26 節)可見要擁有新的心和新的靈,必須求神幫助。我們知道,鐵石心腸往往帶來彼此的毀滅。

第 8 篇

生命像一首歌

每個生命都像可以傳唱的歌，你的人生如此，我的人生亦如此，任何人的生命都是如此。「生命之歌」必定是由很多種不同曲風的歌曲所串連起來的組曲，因為有什麼樣的心境，自然有什麼樣的歌。人生不只是一首歌，更是一道難解的習題。自從神介入了我的生命，我的生命之歌就不再一樣，不只改變了旋律，也有了多變的曲風，不但美妙而且豐富，因為我的生命得到徹底的改變。

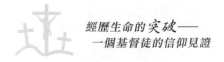

生命是一首歌

　　有人形容人生像一齣戲，每個人都是戲中的主角，幕啟幕落就是人的一生。2022 年 6 月 23 日神說：「每個人的生命都像一首歌，只是願不願意唱給別人聽！」「生命像一首歌」的主題早已定下許久，但我一直不知道如何下筆，直到發生了一些事情之後才恍然大悟，原來是要寫這些啊！

　　每寫一本書，主題都是很早就出現了，文章卻是後來陸陸續續完成的，因此我相信神所定的主題，必然都有神想要藉著我的筆，傳達出祂要說的話，而我寫每一篇的時間點也都很巧妙，我相信這其中必然有神自己的時間表，而我只是配合的人而已。

　　在寫生命像一首歌之前，我才發現書架上被我遺忘許久的一本書《生命是一首歌》，這是杏林子劉俠的著作，初版時間為 2008 年。這是我 2010 年受洗信主時，在伊甸基金會工作的好友送給我的。當時我是個才剛信主不久的基督徒，還不懂得如何倚靠信仰來過生活。對於劉俠並不陌生，因為好友常提起伊甸創立過程所經歷的艱辛。神希望我在此時重新閱讀它，必然有其緣故，因為經歷了這十三年的時間，我的生命已經完全不一樣了，更能夠理解劉俠，如何倚靠信仰來成就她的人生。一個人如果經歷類似的處境，有類似的生命歷程，就更加能感同身受，真是

神奇妙的安排！

劉俠的信主歷程

　　劉俠生於 1942 年、歿於 2003 年，享年 62 歲。她 12 歲罹患類風濕關節炎，是一種自體免疫疾病，病人本身免疫系統失調，把自己的關節當成攻擊的目標，造成關節發炎，進而關節被破壞甚至變形。劉俠 12 歲就開啟了她的疼痛人生，她將疼痛分為 5 級：「小痛、中痛、大痛、巨痛、狂痛。」疼痛伴隨她一生。她說自己成了別人的「止痛劑」和「安慰劑」。經常有人對她說：「我一想到你的病，我這點小毛病就不算什麼了。」

　　劉俠 16 歲受洗信主，是因為媽媽在井邊打水時，突然有個聲音清清楚楚的對她說：「你為什麼不去找主耶穌呢？」她以為是自己的幻覺，可是說話的聲音，又是那樣清楚明白。到底是誰呢？媽媽根本不知道主耶穌是誰，到哪裡去找祂呢？結果第二天傍晚，孩子放學回來興沖沖地對她說：「媽，我們學校有人要來傳講耶穌哦！」媽媽嚇了一跳，昨天不是才有「人」叫她去找主耶穌，怎麼今天就有「結果」了！

　　父母親在劉俠患病之後，為了治好她的病，四處求醫診治，幾乎散盡家財，但始終無法治好，生計也陷入困頓。

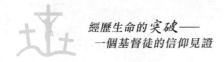
原本父母並沒有信仰，認為做人只要正直善良，不損人利
己，不做傷風敗俗、傷天害理的事，對得起自己的良心，
就已足夠，有沒有信仰都一樣。不料半年後，劉俠和母親
及三個弟妹都決志信主，接受洗禮。母親從牧師的教導中
了解，或許上帝要在她這個重病的女兒身上，彰顯什麼作
為，因此決定倚靠主耶穌。

一次親密的接觸

劉俠說：「病了五十多年，除去中間少數幾年，我從
未有一夜睡到天明的福氣，一個晚上痛醒三、四十次是家
常便飯，睡不著的夜晚，靜坐黑暗中，眾人皆睡我獨醒，
孤寂感油然而生，彷彿被整個世界遺棄。又是一個這樣的
夜晚，我又在自憐自傷，突然感覺到有一個『人』就坐在
我身邊，雖然看不見祂，但我能感受祂的存在。這是耶穌
嗎？是祂陪同我一起受苦、一起流淚嗎？原來我並不孤單，
我的苦楚、我的憂傷、我的彷徨無助，祂全知道。突然領
悟了，原來，信仰是這樣單純的一件事。信了耶穌，病仍
然持續病著，困境也仍然是困境，奇妙的是心境改變了！
這一次親密的接觸，使我對於神的存在確信不疑，突
然之間好似開了竅，《聖經》不僅讀得下去，而且讀得興
趣盎然。作為基督徒，最重要的功課就是順服和交託，既

然相信祂是我的主，相信祂愛我，我就應該相信任何加諸在我身上的事，無論好壞，都有祂的美意在其中。事實上，苦難並非全由神所賜，有些則是來自撒但的攻擊，但神允許苦難降臨在我們的身上，為的是要試煉我們。我很好奇，神要怎樣在我的軟弱上，彰顯祂的大能？

　　原本，我像鑽在牛角尖裡，路越來越窄越黑暗，而耶穌把我調轉一百八十度，結果越走越寬廣光明，生命撥雲見日、豁然開朗，我不再擔憂病什麼時候會好，也不用再為明日發愁。每日藉著讀經、禱告、唱詩，把心裡不足為外人道的苦楚和眼淚，全都像垃圾似地倒給神，再從祂那裡支取信心和勇氣，面對每一天。懂得順服就懂得交託，懂得交託之後，喜樂之心油然而生。當一個人肯面對苦難，坦然接受，苦難就不再是難以承受的重擔。我必須認清類風濕關節炎截至目前，仍無有效醫療的事實，為了我的病，父母遍尋良醫，醫生也盡心盡力醫治，而我自己全心全力配合一切療程，既然大家都已盡心盡力，病還是不好，就只能盡人事而聽天命了！但我要從病痛中解脫，不再受病痛綑綁，這是為何重病在身，仍能做許多事的原因。」

創辦伊甸基金會

　　劉俠在 40 歲時創辦伊甸基金會，她說：「從始至終，

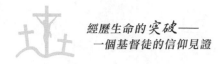

幾乎沒有一個朋友贊成我投入這份工作。我也確知這是一條無法回頭的路，腳步一踏出去便永遠收不回來了。因為，每一步腳印裡都有一份責任，一份愛的承諾。

當選十大傑出女青年的時候，腿正承受巨痛，我忍不住落下不輕易流下的眼淚，不是欣喜，而是感觸，因為我發現即便是這樣的榮譽，亦不能減輕我一絲一毫的痛苦。今日的我，已經為自己開創了一片天地；今日的我，也已經可以被這個社會接受和肯定。然而，還有太多身障者在黑暗中掙扎，找不到一條自己的路，面對著一張張無助的臉，一封封求援的信，我無法轉身不顧，我竟然覺得安安靜靜坐在家中寫我的稿，過我的太平歲月也是一種罪惡。

成立伊甸，我一直以為這只是一個癡人的夢想。海倫・凱勒曾說：『眼盲並不可悲，可悲的是人們對於眼盲者的態度。』我之所以籌設『伊甸殘障福利基金會』的主要目的也就在此，希望藉著我們的呼籲和推動，使社會大眾對於殘障同胞，逐漸由接觸而認識，由認識而了解，由了解而關懷，再由關懷而參與。不僅僅知道他們能做什麼事，也能夠做很多不同的事，進而尊重並接納他們所做的，保留他們最後一點尊嚴和自信，活出一個人的樣子。」

劉俠又說：「我創辦的理念是『福音』與『福利』並重，這就是『雙福』的理念，而耶穌本身就是最好的『雙福』實踐者。這是我跟神之間所訂定的契約，所以一直都有神

的幫助在其中。與其說我在挑戰神，不如說是在挑戰自己
的信心，信心有多大，神的恩典就有多大，我忽然發現，
能夠愛、能夠付出實在算不得什麼，有人肯接受你的愛、
你的付出，才真是一件值得謝天謝地的大事。苦難的本身
並無意義，最重要的是我們是否可以從中，學到一些什麼，
領悟一些什麼，獲得一些什麼，才不枉來這世上一遭，既
經歷了苦難又一無所獲。

　　各人都有各人的重擔及難處，誰也無法替代誰，幫助
誰承受痛苦，更何況沒有相同經歷的人，也很難有相同的
感受。使徒保羅說：『我們在一切患難中，神就安慰我們，
好叫我們用祂所賜的安慰去安慰那遭受各樣患難的人。』
無可否認的，我比一般人更能了解一個殘障者的心理和需
要，我常想，神讓我遭受這樣大的磨難，是否有祂的用意
在，是否要我為祂做一點什麼？我在禱告中，神賜下話語：
**『你當剛強壯膽，不要懼怕，也不要驚惶，因為你無論往
哪裡去，耶和華——你的神必與你同在。』**（約書亞記一
章9節）信實可靠的神，祂的應許並不只是《聖經》的句子，
而是生命中活生生的經歷，我自己是如此，伊甸也是一路
如此走過來。」

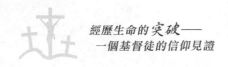
發揮出生命的光與熱

　　沒有劉俠就沒有伊甸，現今有許多針對身障者的一些
福利制度，也都是劉俠女士費盡心力爭取而來，這是神使
用劉俠的方式，即使劉俠女士 62 歲便蒙主寵召，但她竭盡
所能地發揮出生命的光與熱，造福了許許多多身障人士的
前程，可以不必在黑暗中獨自摸索前行，因為有一個叫「伊
甸」的地方，提供有需求者各種幫助，經由訓練就業，有
穩定的收入，才能有基本生活品質。

　　在劉俠的身上，我們看見一個人純真、善良、無私奉
獻，以及對神、對人全然的愛與信賴，她說這才是幸福的
根源，能夠讓她身體痛苦，但是心裡喜樂，才能笑口常開。
愛與良善可以循環不已，微笑、讚美、關懷、體貼的情意，
無論是多麼小的付出，也都能帶給人心頭溫暖。每一個人
都希望被了解、被肯定、被接納、被信任、被尊重，才能
活得更加喜樂而有尊嚴。信心在哪裡，希望也在哪裡，寬
恕、溫柔、忍耐、謙和在哪裡，神的國就在哪裡，唯有擁
有這樣心腸肺腑的人，才能夠永遠與神同在樂土裡。

生命像可以傳唱的歌

　　每個生命都像可以傳唱的歌，你的人生如此，我的人

生亦如此,任何人的生命都是如此。「生命之歌」必定是由很多種不同曲風的歌曲所串連起來的組曲,因為有什麼樣的心境,自然有什麼樣的歌。一個人即使有神同在,一直相伴同行,人生並不會因此平靜無波,不遇見風浪,只要是生活在這世界上的每一個人,都會是如此。人生的際遇或許並不相同,但是他人所遭遇的困難,我一樣會面臨;他人所遭受的苦難,我也一樣要承受。

6 月 21 日神說:「不要勉強不完美的人去做完美的事,那是徒勞!」這是神看待不完美的人,很善意的提醒。曾經我也追求完美,但是人原本就不完美,要求完美是一種奢求。追求完美的人很辛苦,以為人要完美才更受人喜愛,而事實上,並不存在完美的人和完美的事。早日看清真相,才免受太多的磨難,連神也不要求我們完美,而祂將我們視為美好。人需要的是美好的人生,而不是完美的人生,因為好還要更好,追求完美是永無止盡的。

負負得正的數學公式

我們在數學公式裡學會

正 (+) 正 (+) 得 (=) 正 (+)

正 (+) 負 (–) 得 (=) 負 (–)

負 (–) 正 (+) 得 (=) 負 (–)

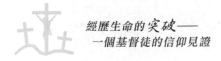

負（－）負（－）得（＝）正（＋）

「負負得正」常被當成成語來使用，但我問過很多人，都不知如何解釋。在網路上所能查到的解釋為：「負的時間乘以負的開銷，得到正的金錢，所以負負得正。」我不知道什麼是負的時間？我的時間只會往前行，從來不會往後退。我知道若是用數線的方式來看，「右邊為正，左邊為負，中間是 0。」比如「－2 表示在 0 的左邊，－2 再乘上一個負數，那就表示往左邊的反方向走，所以就是右邊了。」

「（＋）×（＋）＝（＋），（＋）×（－）＝（－），（－）×（＋）＝（－），（－）×（－）＝（＋）。」就是這樣，只不過用在加法的時候，又該如何解釋呢？乘法不就是加法的延伸嗎？但還真的不知道，該怎麼用一個通俗易懂的例子，來解釋負負得正。「（＋）＋（＋）＝（＋），（＋）＋（－）＝（－），（－）＋（＋）＝（－），（－）＋（－）＝（＋）。」在 Google 搜尋引擎上問這個問題的人不少，但大部分都是利用乘法的分配律和交換律來證明，用加法就難以說明了。

一個有趣的舉例：

「正正得正」：好人眼中的好人是好人

「正負得負」：好人眼中的壞人是壞人

「負正得負」：壞人眼中的好人是壞人

「負負得正」：壞人眼中的壞人其實是好人

還有一個邏輯推論也很有趣：

「正正得正」：朋友的朋友是朋友

「正負得負」：朋友的敵人是敵人

「負正得負」：敵人的朋友是敵人

「負負得正」：敵人的敵人是朋友

你覺得呢？好像言之成理。

隱含著生命的密碼

其實數學中往往就是神的律，化成符號來表示。這個數學問題原來隱含著「生命的密碼」，當年歲漸長，發現這並不只是數學公式，更是人生的公式。以我個人的想法是：

「正正得正」：對的時間點做對的事，一定是對的。

「正負得負」：對的時間點做錯的事，一定是錯的。

「負正得負」：錯的時間點做對的事，也是錯的。

「負負得正」：錯的時間點做錯的事，會成為對的嗎？

我們人生之所以難預料，是因為其中的變因太多了。我還有一個推論：

「正正得正」：天生有個好環境，加上人生有個好際遇，會產生好的人生？

「正負得負」：天生有個好環境，加上不好的人生際

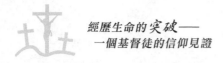

遇，會產生不好的人生？

「負正得負」：天生有個不好的環境，加上人生有個好際遇，會產生不好的人生？

「負負得正」：天生有個不好環境，加上人生有個不好的際遇，會產生好的人生？

人生會是加減乘除組合成的混合題型：「$(-6)+(-7) \times (-8)-(-5)-(-4) \times (-8)+(+9) \div (+3)-(7)……$」人永遠不會知道，人生到終點時究竟是正是負，可見人生的習題有多難啊！

負負得正的例子

有一位教友在她 18 歲時，因為生長在比較辛苦的家庭環境，所以年紀輕輕就進入職場，擔任操作員的工作，沒想到工作時因操作機械不慎，失去了右手的大部分手臂，只剩下一小段能承接義肢。她原本是右撇子，失去了右手，只能訓練自己使用左手，雖然只有一隻能用的手臂，但什麼事都難不倒她，自己就能夠做所有的事。她的母親除了要求她生活必須自理，也訓練她協助家務，所以她能靠一隻手臂撐起一個家。她說自己很喜歡烹飪，除了剁雞之外，啥事都難不倒她。她很感謝母親，要求她使用左手臂，把慣用手改過來，將左手臂使用的和右手臂一樣好。

當然這並不是一蹴可幾的事，生命的挫折，讓她在剛失去手臂時，心中也是充滿怨懟，不知要如何面對失去手臂的人生。18 歲前，她擁有一雙什麼都能做的手，卻在最美好的年紀失去了平日的慣用手，對誰來說都是難以承受的打擊，但生活還是必須繼續過。她說在她信主之前，自己的脾氣很大，常常大發雷霆，充滿惱怒；但是認識耶穌、相信耶穌之後，生命有了不同的看見，也有了很大的轉變。她曾經為自己失去手臂，成為身障人士感到自卑，有很長的期間總是穿著長袖，不想讓他人輕易知道她失去一隻手臂。而現在她穿著利落的短袖，且不時將假手臂（義肢）拿下來，減輕手臂負擔，不再那樣在意他人的眼光。在主裡的教導和學習，看見信仰對她生命的改變。

她能做出一桌好菜，製作很多種糕點，在從事過很多種工作之後，發現自己對烹飪最有興趣，只是因為缺乏丙級證照，無法進入就業市場。她說：「生平最不愛考試，平時練習都很好，面臨考試就會慌張，因此始終鼓不起勇氣去參加考試。」猶豫了多年，終於戰勝內心的掙扎，倚靠主耶穌所賜的力量來得勝。當她決心參加丙級廚師證照考試，且順利取得了廚師證照，因此有了比較寬敞的就業道路。我認為她的人生經歷，正是負負得正的好例子。

為罹癌末期患者代禱

　　有一回收到朋友委託代禱的訊息，我並不認識代禱對象，不太清楚他實際的狀況，只知道是一位癌症患者，因腫瘤切除了腸子，術後一直無法排氣。我為他能順利排氣禱告，求神幫助，我順口問神患者會如何？不料就在隔日清晨，5月3日神說：「勉強不該留下來的留下來，未必是件好事。」我將這個訊息告知朋友，朋友說她的心中也是有數，患者才40多歲，發現罹癌已是末期，孩子尚年幼，家屬和本人堅持治療，盼望神蹟發生。朋友為他發動多次代禱，因為病人和家屬都非基督徒，因此並未轉知代禱訊息，能為他做的事，除了禱告還是禱告。後來經過再次開刀，只進行了一次化療，就病逝了。

　　十分理解他想要活下來的堅強意志，孩子、妻子、家人都是很大的牽掛，英年早逝總是令人格外不捨。因為他的腸道已經完全切除，如果倖存下來，將終身依賴其他方式獲得營養，也是很辛苦的人生歷程啊！而神深知他的情況，才會如此說。

人生是一道混合題型

　　每個人的人生都是不同題目的混合題，如果沒有提醒

你「先乘除後加減」，那麼算出的答案永遠是錯的。人生中不管遇見如何複雜的題目，只要有隨時幫助的力量介入，就能夠順利很多。人習慣依靠人，但每個人都有自己的題目要解答，恐怕也無法隨時幫助你。唯有倚靠能夠知道一切的神，即使你經歷再多的「……」，神也早知你最後的答案。

我們都是一無所知的人，需要倚靠神來解答生命中困難的混合題，不要只是埋頭苦幹、拼命解題，人無法知道自己還有多少年日。就如那位癌末患者，從發現罹癌到病逝，只有短短幾個月的時間，而且還是在四十出頭的壯年。人生應當思考，結束今生的課題，來生要往哪裡去？難道只是在陽世、陰間來來去去？當世界滅亡那日，靈魂歸於何處？

人生是很難的功課

人生不只是一首歌，更是一道難解的習題。自從神介入了我的生命，我的生命之歌就不再一樣，不只改變了旋律，也有了多變的曲風，不但美妙而且豐富，因為我的生命得到徹底的改變。5月9日神說：「新約裡有現今人們要對付的所有問題。」自從認識主耶穌，也認識了《新約聖經》，新約裡真的有所有人們活在世上，需要對付的所有

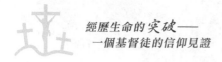
問題，耶穌是來示範如何面對今生的生活，才能擁有永恆的生命，因此新約有人們生活上很需要的提醒，而且務必要遵行的事。

我的生命確實是因為神，而經歷了很多想都沒想過的事，但其中必然經過苦難，而苦難之後，必然看見恩典。神可以使用任何事件或環境，包括危險或患難，使我們成為更好的人，使我們得益處。每一個人都能為神所召，我們與神的關係是「真心相交」，不是為了某種目的，只是單純的彼此相愛。就如我們和交心的朋友一般，是坦誠而沒有絲毫需要掩飾的真心，唯有如此的關係才能長久。

耶穌是我生命中的「恩友」，祂是我生命中隨時的幫助，也是我生命中的良師益友，陪我度過無數生命中的坎坷和艱難。我為什麼一輩子感念神，那是因為祂不只拯救我，也拯救了我一家人。為神所付出的一切，都是我甘心樂意，把自己獻給神，為神所用，是我回報的方式，再也沒有第二個動機。

為神所召的人

神所召的人，必然是愛祂的人，當我回應並接受呼召，我必然知道神在對我說話。我不否認，在當中有很多猶豫，畢竟我不是一個有自信的人，也不認為自己有承擔這些重

責大任的勇氣和毅力。我知道接受呼召的使命，將會面臨不可預期的人生；我也知道，神有絕對權柄選擇祂要的人，成為祂所使用的器皿，那是完全的「恩待」和「憐憫」。神是創造者，人有如地上的泥土，祂有絕對的權利塑造我們，成為祂想要的形狀。神有自由意志，我們沒有任何權利，告訴祂該怎樣對待我們，神當然知道該怎麼做。我們只是將身體獻給祂使用，就是聆聽的耳、看東西的眼、發聲的嘴、工作的手和奔走的腳。

我的聖靈恩賜是神主動給我，並非是我刻意追求來的，我沒有上過任何培訓課程，只是在經歷了一些事情的過程中，自然有了這些恩賜，而且是在不同時候擁有的。聖靈的恩賜會在何時降臨在誰身上，無人知曉，但這人必須要有被使用的意願，神才會在此人身上動工。我只是隱約感覺，自己是神要使用的器皿，才會擁有幾種恩賜，但是一直以來，並不知道神會怎樣使用我。

聖靈水流開始流動

聖靈的工作就是教導我們所有的事，得知神的心意和奧祕，祂可以預備我們，也會警告我們，使我們免於仇敵的網羅，也能夠向我們啟示即將發生的事。當我們較少注意自己，就會較多注意神；當我們越多專注在神的身上，

聖靈的水流就會開始流動，神會啟示我們知道更多原本不知道的領域。當然主權在神，人並無權過問神所要給人的啟示，一切是由神自己決定，因為祂是按著自己的時間表和旨意來顯明奧祕。聖靈能使我們突然明白祂所說的話，不管是對自己或對別人說，「靈光乍現」就是出自聖靈。聖靈確實會預先告訴我們一些事，不管是使用異象、異夢、預言的方式，因為祂並不受限於時間和空間。

6 月 11 日神啟示我：「井然有序的神，有祂的次序，而不是我們的次序；有祂的時間，並不是我們的時間。」因此許多時候，我們必須學習等候，走在神的前面往往會是徒勞，僕人並不會走在主人的前面，而是在後面緊緊跟隨。聖靈會在適當的時間點，給我們清楚明確的想法，然後我們就知道該朝什麼方向，採取什麼行動。尤其是陷在困境中，遭遇難以解決的問題時，就很需要神的智慧，和來自超自然的知識，就是「智慧的言語」和「知識的言語」，這些能力確實能帶來很大的幫助，不論是自己或是他人。

神的禾場需要各種人

神的禾場很大，需要很多工人來為主作工。不論身上是否具有恩賜，神的禾場都需要各種不同的人來協力完成，每個人都是很重要的一份子。每個人都盡一分心力，凝聚

起來的力量就很可觀。每個基督徒都是基督的肢體，每一個肢體都被需要，也被使用。神曾經提醒心態很重要，6月14日神說：「自私的人只為自己，無私的人是為了眾人。」很多為福音事工盡心盡力的人，都是先想到他人的益處，來決定怎麼去做。一旦和自己權利有所衝突時，也會捨己為人，就如耶穌為我們做的。

　　人的天性是利己而不是利他，因此利他的行為，必定是靠後天學習而來，而耶穌教導我們該要如何行出愛人的真意。一個人可能被聖靈充滿，但卻沒有領受聖靈的恩賜。聖靈給予的恩賜，往往是因為事奉的事工需要使用，而為其預備（裝備）的。沒有領受聖靈恩賜的人，同樣能為主的事工做很多的事。主需要各式各樣的事奉器皿，各有不同的功用，並沒有哪個器皿更為有用。那只是被賦予了不同的任務，只要在自己的崗位上盡心盡力，都是神所喜悅的事奉器皿。

似睡似醒之間與神對話

　　我的神不只在靈裡與我相交，也在魂裡教導我，有時在半睡半醒之間，常有一些教導進來，指引我許多事。我並沒有真正醒來，而是在似睡似醒之間與神對話（意念）。不再只是祂對我說的單向回應，這確實是我的真實經歷，

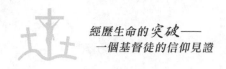
沒有這樣經驗的人確實很難置信。

4月30日神說：「成為真正的基督徒：1. 確立與耶穌的關係。2. 以耶穌的心為心。3. 以耶穌的靈行事。4. 為每一件事感謝神。5. 為主犧牲生命。」神的話語經常都是在清晨一早醒來時進來的意念，祂所說的，都必然有祂的用意。當我抄寫到「為主犧牲生命」時，心裡「頓」了一下，思索這是在考驗我的信心？還是在確認我的定位？我的答案當然是「我願意！」今生有主同在已經足夠，我是一位對於面對死亡，很坦然也很釋懷的人，如何結束生命的歌！一切交在主的手中，祂會為我譜上美好的樂章，在天家相遇時唱給祂聽！我當然知道神有自己的時間表，在尚未完成任務之前，祂不會允許我離開，而我生命的主權，歸屬於多次拯救我的神。

在詩歌裡找到力量

我很喜歡教會裡所唱的詩歌，不僅在詩歌中獲得很大的感動，而且也深深觸動我的心，很多的詩歌內容，唱進我的心坎裡，抒發了我心中的苦痛，讓我常常淚流滿面。對於我的人生而言，就是一連串的歌曲串連起來的，這些詩歌甚至可以說改變了我的人生。

在詩歌中，快速的拉近了我和神的距離，歡迎神走進

我的生命，掌管我的一生。這是我這一生中，最重要的選擇和決定，我從來不知道，歌曲能有這麼大的力量，而且是改變我生命的力量，一股用力將我拉向神的懷抱的力量。信主之後，我非常喜愛基督教的詩歌，喜歡聽也喜歡跟著唱，唱詩歌是對神最美好的歌頌和讚美。當然口裡唱的和心中思想的必須是一致，心口如一才是神所喜悅的。

兩首人生的主題曲

《一粒麥子》這首詩歌，我將其視為現階段人生的主題曲：「一粒麥子，它若不落在地裡死了，不論過了多少時候，它仍舊是它自己。它若願意，讓自己被掩埋  被用盡，就必結出許多子粒，經歷生命的奇蹟。主我願意、主我願意，讓自己像種子落在地裡，失喪生命必反得生命。主我願意、主我願意，放下自以為應得的權利，在我身上成就祢旨意。呼召如此崇高，種子何等渺小，定睛標竿直跑必見神的榮耀。」

這首詩歌是出自耶穌的一段話語：「一粒麥子不落在地裡死了，仍舊是一粒，若是死了，就結出許多子粒來。愛惜自己生命的，就失喪生命；在這世上恨惡自己生命的，就要保守生命到永生。若有人服事我，就當跟從我，我在

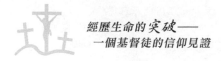

那裡，服事我的人也要在那裡；若有人服事我，我父必尊重他。」（約翰福音十二章 24-26 節）這段話是耶穌即將為我們上十字架之前對門徒說的，是預表祂將如一粒麥子落在地裡死了，就會結出許多子粒來。祂希望跟隨祂的人也能如祂一般，失喪了自己、反得了生命，而且連天上的父也必然尊重他。

耶穌希望我們也如一粒麥子，落了地並不一定表示死亡，而是另一個開始，麥子落了地，有了土地的滋養，就可以結出更多子粒，而更多子粒落了地，能夠結出更多麥子來。耶穌的廣大禾場裡，需要很多人來共同完成工作。2022 年 5 月 8 日神說：「人種的是什麼、收的也是什麼，不種什麼也不收什麼。」身為基督徒，都是耶穌禾場裡的一員，有太多要做的事工了。有些麥子需要被栽種，有些麥子需要被收割，因此祂既需要麥子，也需要工人，我們可以成為渺小的「麥子」，也可以成為收割的「工人」。詩歌是真實的敬拜，也是發自內心的禱告，更是信心的宣告，並不只是隨口的唱和而已！

《愛中相遇》是很能代表我心境的詩歌：「每一天渴望與祢在愛中相遇，再一次將自己完全地獻給祢，唯有祢是我的喜樂和力量，我甘願捨棄一切跟隨祢，每一天渴望與祢在愛中相遇，再一次降伏在祢大能榮耀裡，唯

有祢是我的良人和恩友，我願意一生敬拜祢。將我全人獻上當作活祭，以清潔的心單單事奉祢，願祢旨意成全在我生命裡，求聖靈更新掌管我一生。潔淨我、吸引我，快跑跟隨祢，在愛中遇見祢。潔淨我、吸引我，快跑跟隨祢，在榮耀中敬拜祢。」這是我的肺腑之言，這首詩歌總能在我心情低盪時，快速恢復與神的親密。

　　一個基督徒最幸福的事，就是不論在任何情況下，都有神的看顧與保守，還有來自教友的關懷和安慰。至於我的生命之歌要如何唱下去，其實我一無所知。我只能回顧過往，無法知悉未來，將來的事有神操心就夠了，我並無需多想。因為會發生的事仍會發生，不會發生的事則不會發生，除非能夠改變未來，否則為明日憂慮，只是自尋苦惱而已，沒有什麼比交給神更牢靠的。

　　基督徒的生命就是對主信心的考驗，這會一直到見主面為止，才知道自己有沒有通過考驗。我期待自己成為蒙大恩的馬利亞，得到上好福份的馬利亞，以及打破玉瓶，膏抹耶穌的馬利亞，一生忠心跟隨耶穌到底。

第 9 篇

詐騙橫行的世代

人擅長造假偽裝，實情難以窺見，存心的欺騙更是難以察覺，不易分辨。人確實是極其複雜的動物，心思意念左右著行動作為，什麼樣的人做什麼樣的事，在於他的心腸肺腑，是存善念還是惡念，而屬誰就會像誰。神只允許像祂的子民進入神的國，那是一個完全純淨的樂土，唯有對的人才能進入神的國，因為在神的國裡，一切都是對（正確）的，因而我們必須在這個世界粹煉正確的品格，才可能與神國有分。

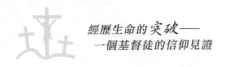

電腦網路無遠弗屆

　　常言道：「世風日下，人心不古。」是指社會風氣日趨敗壞，一天不如一天，社會有失純樸善良而流於詭詐虛偽，心地不再像古人那麼淳樸，連有知識、受教育的人，品格德行也今不如昔，道德日漸淪喪，每況愈下。在現今，只要年過 50 歲，曾經歷從貧乏到逐漸富足，這種社會變化過程的人，對比今昔都不免有這樣的感慨。

　　2022 年 1 月 13 日神說：「電腦是奪去靈魂的東西！」自從電腦被使用成為詐騙工具後，這句話真是一針見血的洞見。年近 60 歲的我，生長在電腦尚未普及的年代，那時仰賴人辛苦的雙手，在連公用電話都不普及的年代，絕對無法想像，現今人手一機，公用電話幾乎要被淘汰。手機是現代人的隨身電腦，做什麼事都要用到它。人們看它的時間，比看其他都多，電腦改變了人們的生活型態，左右了人們的價值觀，甚至也影響了人們的倫理道德感。

3C 產品全面攻佔生活

　　我和孩子的世代，相距近 30 年，我們的世代差距在於電腦。我的童年是無法想像會有電腦這樣的東西，可以協助完成作業！更無法想像在疫情時期，可以透過電腦遠距

上課、遠距上班，電腦網路無遠弗屆，沒有不能到達的地方。電腦確實正在影響我們的身、心、靈，因為我們的生活再也離不開 3C 產品，眼一睜開就離不開這些產品，嚴重依賴的程度，可以說 3C 產品已全面攻佔我們的生活。

「那殺身體，不能殺靈魂的，不要怕牠們；唯有能把身體和靈魂都滅在地獄裡的，正要怕牠。」（馬太福音十章 28 節）這是耶穌在生前講道時對人的提醒，兩千年後仍然合用。因為能把身體和靈魂都滅在地獄裡的，唯有撒但。而撒但在今日的權勢越來越大，撒但是謊言之父，在現今詐騙橫行的世代，正是邪惡勢力越來越猖狂的例證。要奪去人的靈魂，首先要控制人的眼目，眼目影響內在思想，進而身體、心理、靈魂都受到掌控。

電腦的發明，是撒但快速奪去人靈魂的工具，而且令人深陷其中不可自拔。人類進入電腦時代，不過短短的幾十年時間，人們對它的接受度高，普及速度非常快速，完全沒有文化隔閡，也不受環境地域的影響，很快地就完全倚賴它。現今已經到了電腦停擺，就無法生活的境地。人類自以為聰明，只是淨作蠢事！神曾經看為「好」的大地萬物，人類早已將其毀壞到慘不忍睹！在機器大量取代人力之後，破壞程度更為迅速。聰明的人類，無所不爭，無所不競，財富的快速累積，是用很多代價換來的。

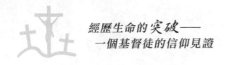
遇到詐騙集團

2004 年詐騙集團在日本開始到處行騙，2005 年台灣也開始有詐騙集團的足跡，日本的詐騙手法，很快就被台灣人學以致用，原來提醒人防詐騙的書籍，成了教戰手冊。在台灣的詐欺罪判刑並不重，因此成了低風險、高報酬的行業。這種結構性犯罪，獲利十分可觀。在 2006 年詐騙集團日益猖獗，受害人數快速攀升後，警政署成立 165 反詐騙專線，提供民眾查詢是否遇到詐騙。

2005 年時我曾經有被詐騙的經驗，一開始我並不知道，這是一個存心詐騙的集團所為，再加上當時尚未有這麼多的宣導，也沒有 165 反詐騙專線，因此單純的我，落入陷阱而不自知。一個假冒警察的詐騙成員打電話來，他問我是否有某某銀行的信用卡，我回答「有」，他說因為我的個資外洩，因此帳戶受到金管會的監管，必須將存款匯入某個帳戶，才能保全帳戶的錢不受影響。他又說檢調單位正在進行追查的動作，要我保密，不要張揚。這個自稱警察的人，口氣說法和一般的警察真的很像，因此我不疑有他，就按著他的電話指示，到銀行操作匯款。他告訴我一切正在追查，因此必須使用代碼來操作，一切都以英文進行操作，而他在電話一頭操控我。

當我操作完匯款，銀行小姐發現我是一手拿著手機，

按著指示在操作，因此好意提醒我，可能是遇到「詐騙集團」，因為最近每天都有幾個人和我舉止相仿，她要我立刻到警察局詢問，必要時要報案。到了警察局，警察判斷我是真的遇到詐騙，一開始能說出銀行名稱是亂槍打鳥，恰好猜中了。警察也坦言，目前這樣的報案數漸漸多起來，說法都相同，顯然是同樣的手法，想追回款項的機會很小，因為目前尚未偵破任何詐騙案件。他們的分工很細，是組織犯罪，使用英文操作匯款，錢很可能是直接匯到國外帳戶，所以難以追查！

失去的錢自然是找不回來了，除了失去金錢的心痛感，更大的是受騙的傷痛，沒想到相信別人竟會讓自己受傷害。當時內心的氣憤，久久難以平復，而躲在暗處行騙的這些人，難以繩之於法，還能逍遙法外，繼續行騙，且暢行無阻。每每想起都憤恨難平，也因此我更加厭惡說謊、欺騙的行為，這些人何其可惡啊！17 年過去了，詐騙新聞仍然時有所聞，詐騙集團雖然屢遭破獲，但是關個幾年出來後仍重操舊業，還說得理直氣壯，不偷不搶只是騙而已！

遇到搬家蟑螂

生活在現今的世代，只要與生活有關的一切大小事，樣樣都有受騙上當的風險，因為說真話的人真的不多，說

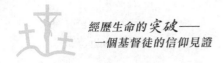
假話的倒是不少。如果以三十年為一個世代，那麼對比三十年前的人，現今世代的人，詭詐的太多了。26 年前，我們在搬家時遇過「搬家蟑螂」，訂契約的人看起來老實可靠，價錢也合理。但是當東西搬到定點後，開始坐地起價，搬家工人全是刺龍刺鳳的，說直白些簡直就叫做「勒索」。但是這種事連找警察也沒有用，因為警察說：「如果他們有動手，才能來處理。」為了家人的人身安全著想，只好自認倒楣！後來這種糾紛實在太多，政府才開始著手抓蟑螂，這些搬家蟑螂大多都有黑道背景，在經過一些法令修訂，消費者獲得法規的保障後，蟑螂又往其他地方去了。

遇到工程蟑螂

12 年前，為了房屋修繕，我和鄰居共三戶，遇到了工程蟑螂。這些蟑螂拿了頭期款，就來把房子敲敲打打破壞一番，之後卻遲遲不來施工，再來就是找各樣的理由，要求再支付許多款項，才願意再來動一下，後來才知道，原來是遇上了「工程蟑螂」，受害者還真不少。

工程蟑螂說穿了就是一種詐騙集團，專騙頭期款，其實並不是真的有本事能完成房屋修繕工程。這些來簽約的人，甚至不是使用本名，當然這都是事後才知道的，此時

即使想要提告，也找不到人，因為簽約人的姓名、住址及工程行的名稱都是假的。用蟑螂來形容這些人，確實十分貼切，蟑螂是十分討人厭的害蟲，很多人看見牠們，就會想要用拖鞋踩死或拍死牠們，除之而後快。牠們的逃脫功力一流，常令人咬牙切齒卻又莫可奈何。一般來說，不可能將蟑螂除滅，只能將其危害程度降低，而社會上的這些蟑螂，會不斷變成不同名目的蟑螂，繼續危害他人。

電子商務

現今是詐騙橫行的世代，詐騙的手法越來越多元，詐騙方式也不斷推陳出新。在物慾橫流的今日，很多人終日思想的，就是如何把別人荷包裡的錢，放進自己的荷包裡，有時手段幾近詐騙。

現代人購物不一定都在實體商店，有些會在網路商店完成購物。消費模式正在改變，電子商務比起傳統的銷售產業，更懂得行銷策略，他們收集更多的銷售數據，更詳實地反應消費者的心理。行銷可以說是一連串打心理戰的過程，若把消費者作為攻略目標，對於對方的心理狀態，甚至是消費行動有越多的了解和把握，越能夠成交。電子商務能大受歡迎的原因是：

1. 空間不再受到限制，不需臨櫃才能辦理。

2. 全年 365 天任何時候皆可下單。

3. 成本大幅降低。

4. 消費者的習慣。只要會使用電腦的人，就能夠以此方式
   購物，是忙碌的現代人追求省時又便利的消費模式。

網路購物陷阱

　　網路購物方式五花八門，必須留意其中的陷阱。現代
人利用網路從事傳銷活動，有一種叫做「龐氏騙局」，又
稱作「金字塔騙局」，標榜先來的人賺後來的人的錢，就
是俗稱的老鼠會。某些商品以直銷的方式銷售，並不在市
面上做販售，而是以上線拉下線的方式經營，商品要透過
特定的人才買得到，屬於層層代理的業務模式。原本「直
銷」是以沒有店面、減少營運成本，來讓消費者有更大的
獲益，吸引人購買商品。然而漸漸演變成更厲害的「傳
銷」，透過人拉人的方式，上線靠下線賺錢，賺的是層層
銷售的佣金，而獲利最大的就是越上層的人。

　　現代人看重包裝，再加上行銷者三寸不爛之舌的推波
助瀾之下，就能賣得非常好。人有從眾性，越多人買的商
品，感覺就越好，再加上請名人代言商品，就能獲得更多
青睞。熟不知其中內容物，很多都是由同一家工廠代工，
只是經營者冠上了自己的品牌，透過不同的包裝，身價就

不一樣了！原本以為一分錢一分貨，可是事實並非如此，同樣商品卻價差極大，讓有些人能夠獲取極高利潤。這些商品因何要賣這麼貴？因為透過層層代理的業務，大家要雨露均霑，確保上線、下線都能拿到佣金，所以當然要賣得貴，否則利潤從何而來？作生意就是為了賺錢，因此用什麼方式賺來的錢，就不需要在意，至於一頭牛被扒幾層皮，更是不需要關心的事！

　　網路上所能購買到的商品，千奇百怪，無奇不有，有一句廣告詞說：「什麼都賣，什麼都不奇怪！」人們想要的各種商品，確實很容易就能從網路上購得。不論是合法商品或非法商品，只要有錢，什麼都能買到。網路的隱密性助長了許多非法商品的流通。只要有錢賺，當然是「什麼都賣，什麼都不奇怪！」買家和賣家透過網路交易，只要能確保銀貨兩訖，至於透過什麼管道來進行，一般也不易被查覺，只要買方和賣方不產生糾紛，雙方的交易行為，就不會被發現。

洗腦式的廣告

　　不可否認，網路是個容易藏污納垢的地方，靠著無遠弗屆的網路，來自世界各地的商品，只要有買家、有賣家，就能成交。而這些經過層層包裝的商品，誰也不知內容物

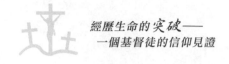

確實是什麼？只要有錢，人們就能夠輕易取得各種商品，因此人們忙著賺更多的錢，來滿足無窮的慾望！殊不知那是無止盡的天坑，怎麼也填不滿。

為了刺激消費，廣告可以說已經達到無所不在的程度，洗腦式的廣告更是蔚為風潮，廣告難免有誇大不實的成份，這是人盡皆知的道理。但是洗腦式廣告厲害之處，在於能讓人深信不疑！因為販售者深知人的心理需求，會使用很多的話術來打動人的心。

以販賣保健食品為例，所謂食品就是沒有藥用成份，但是經常吹噓有多大療效，能夠保養兼治療，讓消費者以為花錢就能買到健康。例如過度使用 3C 產品，造成視力減退，吃保健眼睛的保健品，就能夠再過度使用眼力？這不是飲鴆止渴嗎？不健康的身體，往往是不健康的生活型態造成的，人們不去改變生活型態，依靠食用這些商品，真的有用嗎？如果保健食品有效，因何醫院仍是人滿為患？可見花錢也難買到健康。

曾經有朋友相信，購買某些商品，可以使頭髮由白變黑，黑髮變白是年歲增長的自然律，如果能夠逆生長，就能返老還童了，原來人花錢買的是未知的夢想。千萬別相信無效退費，因為販賣者必定會說你吃得劑量還不夠多，再多吃一陣子，就能看見療效，對於掛保證的商品，千萬不要碰，免得花錢還傷身！

資訊爆炸的世代

現今是個資訊爆炸的世代，每日接收到很多訊息，卻是需要大大的過濾，因為真實的不多、虛假的很多，很多假造的訊息，是為了騙點擊率，而點擊率又是為了廣告收益。很多網路訊息標題和內文相差很大，有時根本雞同鴨講不知所云，PO 文者的目的並不是要傳遞正確訊息，只是要騙點擊率，沒有正確心態，豈會在意訊息來源的正確？當假訊息滿天飛，難以細數，大家反而習以為常，覺得只是受騙又沒有受害，這種姑息的心態，反而助長了這樣的風氣，有樣學樣，訊息達人、網路紅人一堆，就是靠這些方式賺錢。

現代人的價值觀扭曲，只要能賺到錢，不管使用的方法為何？取得的方式為何？不會有人在意，因為能賺錢才是王道。有了錢才能被看得起，有了錢才能呼風喚雨，有了錢才能為所欲為。窮人愛錢，富人更愛錢，彷彿錢財所帶來的全是好處？！現今人們自以為很聰明，每天受騙也受害卻渾然不覺，自以為沒有損失，卻是耗損了精神、精力在許多沒有意義的事情上，其實身、心、靈都受到很大的影響。身處任何環境久了，就見怪不怪、習以為常，所以我們也正在習慣詐騙成為我們的日常，是生活的一部分，各式各樣的詐騙充斥著整個社會，從每日接到的詐騙電話不計其數可見一斑。

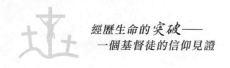
組織化的詐騙集團

　　台灣警方估計，全台有將近 50 萬人從事詐騙犯罪，
2005 ～ 2014 年之間，台灣破獲詐騙嫌犯就超過 20 萬人；
單單 2022 年詐欺發生數就達 2 萬餘起，恐創 10 年來新高
紀錄，其中從事「網路詐騙」有 90% 是以台灣犯罪分子為
主的犯罪集團，進行各式各樣的跨境詐騙，有些人在境內、
有些人在境外，相互聯手行騙。

　　詐騙集團的內部分工明確，「電腦手」負責發送簡訊
與打電話；「一線」扮演「警察」與被害人接觸；「二線」
以「書記官」身分，加深被害人信任；三線「檢查官」，
提供匯款的帳號資料；當詐騙金額匯入指定戶頭後，再由
水房的「車手」提領現金，交給老闆。有很多詐騙集團是
屬於不同的黑幫派系所把持，少數則是一些個人私下進行。

　　詐騙集團內部有嚴格的作息時間，保密要求、培訓制
度和考核制度，在詐騙窩點內，「每天定時定點吃飯、睡覺，
有專人負責團體伙食和日常起居；手機集中保管，每週只
允許打一次電話，不許向家人透露具體工作內容；電腦中
有一鍵刪除軟體；建立窩點的前三天進行集中培訓，透過
專門的教材（詐騙話術本），熟悉詐騙流程；晨會和晚間
會上會總結詐騙成功經驗和失敗教訓，以提高詐騙話術技
巧；每天、每周、每月都有業績排行榜，根據業績決定升

降級。」

　　詐騙集團常用的平台軟體中有被害人的個人詳細資料，包括個人房產、個人社交圈、生活習慣，甚至還有何時曾被警察勸阻的記錄。常見的作案手法有：「退稅詐騙法」、「健保卡違規使用詐騙法」、「假綁票、真詐騙」、「假受傷、真詐騙」、「銀行帳戶詐騙法」、「裝熟詐騙法」、「行政公文詐騙法」、「代辦廉價貸款詐騙法」、「交友詐騙法」、「信用卡被盜刷詐騙法」、「彩金中獎詐騙法」、「盜用帳號密碼詐騙法」、「假投資、真詐財詐騙法」……等包羅萬象。

不使歹徒有可趁之機

　　若說現今是詐騙橫行的世代，一點也不為過，詐騙案件不但造成財產上的損失，也使人與人之間，喪失了基本的信任。當一個人因為同情心，對人有基本信任或對未來感到不安，就成為歹徒騙取金錢的目標，對人性會感到何等的失望啊！以前我們以為不招惹黑道分子，就能夠明哲保身，但是現今黑道分子不再以包娼包賭、擄人勒索、恐嚇取財……等方式，取得金錢利益，紛紛轉型成了詐騙集團，用不偷不搶的犯罪型態，減輕刑期又獲利更豐。而受害者廣泛為市井小民，往往只因一通電話，就被騙光終生

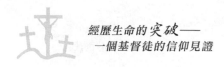

積蓄，行徑令人髮指。

詐騙案件的氾濫猖獗，幾乎沒有人沒接過詐騙電話或訊息，一旦回覆就是災難的開端。對方以財錢、以美色、以夢想來誘惑人，直到上當為止。詐騙集團非常擅長利用被害者懼怕的心理弱點，例如貪求利益，想要獲得高額利潤，或是造成心理不安、危機感，脅迫當事人就範。自從我上了一次詐騙集團的當後，對於詐騙集團便常有防備之心，不上當的最佳方法就是根本不理對方，警覺到不對勁時，就立刻掛電話，再也不使歹徒有可趁之機。

對於詐騙電話，就連聽其言觀其行的機會也不能給，才能避免被騙受害，這是現今世代很大的悲哀。有一回接到手機來電，是一位陌生女子的來電，她顯然知道我的許多個資，像連珠炮一樣說個不停，本來想弄清楚她因何知道這許多，後來馬上警覺可能是詐騙電話，便立刻掛掉電話，不再讓她有繼續說下去的機會。

金融商品詐騙

2022 年 3 月 21 日開始執行為期 12 天的全國同步掃蕩「假投資詐騙集團」專案行動，鎖定「虛擬貨幣」、「金融商品」、「假博奕網站」的話務機房、洗錢水房、收簿及車手集團為重點，短短幾日已搗破 67 件詐騙集團，逮捕

481 人送辦，其中具有竹聯幫、四海幫及天道盟組織犯罪身分者 21 人。警政署表示，隨著全球股市交易熱絡，詐騙集團趁勢編造各種投資名目，如虛擬貨幣，各式金融商品……等，透過簡訊或 Line 誘騙投資人，且不乏黑道幫派勢力的介入，讓受害人求償無門。因此執行這波專案行動，動員全國警察同步進行查察，警政署特別召開記者會，宣示打擊詐欺的決心。

2021 年發現詐騙集團的非法金流為逃避查扣，開始虛擬化，這次行動中就查扣 15 萬 8000 多顆泰達幣（約台幣 454 萬多元），另也發現被害人被誘導至 BTM 比特幣提款機，去買幣匯給詐騙集團，這些都是新型態的洗錢方式，也是未來打擊重點。警政署提醒，「投資應循正常管道，透過簡訊要你加 Line 進行網路投資，就是詐騙。」常見投資詐騙話術計有以下特徵，包括：「聲稱低風險、高報酬」、「常以熱門金融商品包裝，投資模式卻相當複雜」、「先給予甜頭小利，再誘騙加碼投資」、「來源不明簡訊，邀請社群投資」……等，呼籲民眾應多加查證，以確保自身財產安全。

買賣虛擬貨幣

2022 年加密貨幣大跌，比特幣價格大幅下滑，跌破

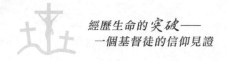
一萬七千美元，較去年 11 月的高點大減約 70%，以太幣跌幅也近 80%。各種加密貨幣（虛擬貨幣）因為全球經濟景氣不佳，投資人失去信心，而造成大幅下跌，加劇了幣圈相關公司的財務困境。投資人透過交易平台買賣虛擬貨幣，如今已有多家交易平台宣佈破產，許多投資者對於自己能否還能拿回已經投入的資金感到懷疑？更有投資者直言：「我知道投資加密貨幣會帶來風險，不過我從沒想過交易平台會瓦解，現在感覺自己像是被搶劫一樣，我不會再把錢投入另一個平台，也不會再相信加密貨幣了。」

由於區塊鏈轉帳的不可逆，以及用戶資訊的匿名性，一旦發生對應的轉帳，或是帳戶資訊被洩露出去，資金將無法追回。一般實體銀行會受到政府的保護，而世界大多數政府並不承認虛擬貨幣，因此一旦遭受損失，將索求無門。虛擬貨幣是完全無法追蹤買家和賣家，有時往往淪為洗錢工具。比特幣曾經被捧得很高，現今也跌得很重，而且至今仍不是最低點，一旦化為泡沫，投資人恐怕血本無歸。

真實的世界都未必可信，更何況是藏身電腦網路的虛擬世界。近年來，「虛擬貨幣」詐騙案也層出不窮，很多人其實對加密貨幣一知半解，但在加密貨幣不斷上漲之時，便有人誤信「虛擬貨幣交易所」的釣魚簡訊，以「投資虛擬貨幣，可以輕易獲得財富」為遊說方式，讓被害人投入

許多資金，在一開始都會讓被害人先獲利，誘使被害人投入更多資金，但最後帳戶遭洗劫一空，才知是落入詐騙陷阱。

還有許多以「金融投資」的詐騙案，以「股票」、「基金」、「期貨」、「虛擬貨幣」或是「優惠貸款」為誘餌，誘人上鉤。天底下沒有一本萬利的好事，不然詐騙者自己賺就好，因何要找你？釣魚是為了吃魚，難道會是養來觀賞用？

假交友詐投資

2021 ～ 2022 年所發生的詐騙案件數，以「假交友詐投資」排名首位，民眾財產損失金額也最高。歹徒會先主動聯繫被害人，以交朋友的說法混熟之後，取信被害人，再稱能教導投資理財，聲稱自己擅長股票、基金、期貨……等操作，在網路上裝熟，表示可以幫助被害人獲得高額利益，甚至虛情假意的匡騙單身者，以為找到真愛，卻是從始至終，只聞其聲不見其人，等到詐騙得手便關閉網站或失去聯繫，讓被害人無法討回投資金額。

以「比特幣」、「以太幣」……等虛擬貨幣的詐騙案，詐騙中心設在國外，「投資人被詐騙投資虛擬貨幣，詐騙者向被害人聲稱投資失利，其實整個投資數據都是假的，

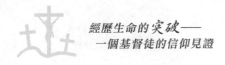

只有被騙走錢是真的。」日前傳出總部設在保加利亞的維卡幣，是以老鼠會方式來騙錢，正是所謂的「龐氏騙局」，透過區塊鏈平台吸金超過 40 億美元，而主謀至今仍消失無蹤、不知去向。詐騙集團是門行業，內部分工精細，越來越屬智慧型犯罪，利之所趨，據說也能招攬各領域專家，提供訓練專門技術來犯案，而能輕易取信被害人。詐騙手法日益翻新，層出不窮的新花樣，幾乎無所不騙，不可不慎啊！

跨國非法詐騙案件

2022 年 8 月 2 日，傳出許多年輕人受到高薪誘惑，在免費提供機票、代辦所有出國手續的情況下，前往柬埔寨、緬甸、泰國、寮國等東南亞國家工作，實則落入跨國非法詐騙案件。在抵達當地時，發現是騙局，但是護照等文件已遭扣押，並被囚禁。原本是應徵線上博弈客服員，到了當地卻是做詐騙工作。不願意做的人，需要支付高額賠償金，並且遭到毆打、凌虐、性侵……等逼迫就範。成為詐騙成員之後，凡是業績未達標、不肯聽話、想要逃跑，就會被電棍電擊，之後在東南亞國家間不斷被「轉賣」，淪為人口販賣的受害者，最後淪落到緬甸成為「豬仔」，被摘取器官販賣，榨乾一個人的剩餘價值，有很多人因此喪

命（被丟入公海屍骨無存）。

　　柬埔寨的西港除了有博弈業，也是詐騙集團大本營，吸引來自中國、澳門、香港、台灣等黑幫及犯罪分子把持，以招募海外勞工為名，引誘家鄉年輕人到外國工作，藉此控制行動。新冠疫情期間，很多黑道幫派分子因為收入不佳，改做人蛇仲介拐賣人口，獲取豐厚利潤。根據警政署統計，每月逾千人飛去柬埔寨，回國的卻不到百人，刑事局接獲不少家長求救，表示子女持觀光名義出境，即被詐騙集團控制行動，被控制的人至少 3000 人以上。目前台灣和柬埔寨並無邦交，只能透過民間非營利組織「全球反詐騙組織」，協助營救年輕人歸來，但是全球反詐騙組織心痛表示：「救 60 人回來，沒有一聲感謝！」這到底是什麼樣的世代啊！被救的理所當然嗎？

　　5 月 30 日神說：「如果對父母不會心存感謝，那也不會感謝神。」神顯然把人看得很透澈，不懂得心存感謝的人，對誰都不會心存感謝。5 月 31 日神說：「現代人不習慣內省，只習慣外求。」一個人內心缺乏自省能力，心中只有外在需求，就難保不會再犯同樣的錯誤。不管是加害人或被害人，都是受到高報酬的利誘，因為詐騙所得十分豐厚，讓人願意鋌而走險。

　　人們總是以為，怎樣把錢放進口袋裡，是神不知鬼不覺的事，只有自己的良心知道，只要不被逮個正著，反正

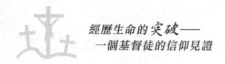
有錢是王道，至於錢財來源誰會知道？況且人的天性選擇好，而不是對（正確）。如果說謊的好處多於說實話，人們便會選擇說謊，從小小的孩子身上就能夠知道，人是多麼懂得趨吉避凶。這是不需要特別教導，天生就會的本能，而人良好的德行，都是倚靠後天教導的結果。現今「家庭教育」和「學校教育」比不上「社會教育」，一般人的價值觀是建立在社會潮流上，而不是道德良知上。

政治是最高明的騙術

近二十年來，社會風氣受到詐騙集團影響，人和人之間也越來越不講求誠信，當詐騙大行其道，就再也沒有什麼罪惡感了。記得有位政治人物曾說：「政治是最高明的騙術」。而今這個行之有年的騙術，早已出神入化，許多政治人物因何經不起檢視？因為為了勝選考量，什麼樣的謊言都敢說，什麼樣的騙術都敢做，一個缺乏誠信的政治人物，我們怎能期待他上任後的作為？所以我們往往發現，這些當選人，選前一個樣、選後一個樣，判若兩人的比比皆是，這似乎已蔚為全球風潮。

2021 年 12 月 27 日神說：「一個人說話需要找很多理由的時候，他就是在說謊。」之所以被稱為「政客」，是因為此種人是為自己謀福利，而非為眾人謀福利。一個政

治人物為什麼不說真話、要說假話，必然有其緣故；一個缺乏誠信的領導人，自然會產生缺乏誠信的政府，那是因為他對自己誠信的標準很低，自然對於他人的標準也降得很低。正所謂一丘之貉、物以類聚，這樣謊言才不容易被戳破，大家會一起說謊，共謀者會相互掩蓋犯行。反正真相總是難以大白，因為政治是最高明的騙術，要想繼續騙，豈能讓真相大白？反正積非成是，謊言說多了，就會有人信以為真；反倒以為真的卻是假的，這才算得上是最高明的騙術啊！

　　本當是「真的假不了，假的真不了。」但是真正厲害的政客，「總能將真的說成假的，而假的說成真的。」反正「騙吃！騙吃！」騙得到就吃得下去，這是因何大家願意放手一搏的原因，因為撈到的好處，可是能夠榮華富貴下半生，且能澤其後輩，而且人很健忘，即使出了醜聞，等到事過境遷，大家就懶得聞問了。

裴洛西旋風訪台

　　美國眾議院議長裴洛西在 8 月 2 日～ 8 月 3 日旋風訪台，颳起千呎高浪。82 歲的裴洛西（美國第 3 號人物）在她最後一次擔任眾議院議長期間訪台，被視為是個人政績的一部分。拜登總統指裴洛西訪台「那是她的決定」，但

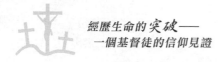

是這次事件，中國對拜登政府徹底失去信任（目前雙方關係不佳），因此可能為台海製造了危險。

8月4日～8月7日開始，中國宣布將在環繞本島的6個海域、空域進行軍演，並且實彈射擊，形同海空封鎖。8月4日中國發射11枚東風飛彈，有4枚飛越台灣上空。中國聲稱8月9日起，不定期對台軍事演練，而台灣也要軍事演練。裴洛西的造訪，打破了過去25年以來的規矩和模式，中國進行的軍事演練也是史無前例，這代表美中雙方打破了現狀。自1999年後所形成的海峽中線，當跨越中線成為常態，如果持續「類封鎖」是否會從此成為「類戰地」呢？

台灣是一個海島，如果爆發戰爭，人民將無處可逃，我們沒有連接的陸地，人民連逃離戰地的機會都沒有，情況其實比烏克蘭還糟糕。戰爭從來都是何其愚蠢的事，因為國際局勢的爭競成為受害者，是每片土地上的人民都不樂見的事，相信沒有人會希望戰爭發生在自己的土地上。但是政治操在政客的手中，政客只管自身利益，並不管人民死活，否則戰爭因何仍持續發生？

國際政治詭譎多變，可能今天的朋友，成為明日的敵人；也可能今日的敵人，成為明日的朋友，只是當朋友缺乏道義只剩利益時，受害的總是無辜的百姓。我們只求能安居樂業的生活，平靜安穩的度日而已啊！沒有比平安更

重要的事了，失去平安也失去了一切。我一向對於戰爭感到厭惡，耶穌是和平的君王，必然希望這個世界祥和而平安，因此我在 8 月 2 日禱告求告神，請求祂對這片土地的看顧與保守。8 月 3 日神說：「互助共生，和解共存。」這是祂給我的回應。我盼望神的應許成就，期待國際之間也能：「互助共生，和解共存。」

日本統一教

2022 年 7 月 8 日，日本前首相安倍晉三在街頭演講時，遭到近距離刺殺身亡，兇手是因為母親迷信「統一教」，捐給教會大筆捐款，導致家庭破產，兇嫌懷恨在心。因安倍與統一教過從甚密，兇嫌原是要殺統一教的高層，因為無法接觸，轉而選擇安倍犯案，日本統一教因此受到很大的討論。

「統一教」以舉辦集體婚禮及其商業關係為人熟知，統一教原名世界基督教統一神靈協會，是由文鮮明於 1954 年在韓國創立，並在 1963 年創立統一集團，是個涵蓋營造、國防、教育、糧食、機械、汽車及媒體事業的企業團體。統一教政商關係良好，培養出一群頗具商業頭腦的信徒，因此快速累積資產，進行更大規範的投資。每個入會的成員，都會給予大筆奉獻，這就是兇嫌因何動了殺機的主因。

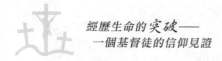

根據統一教前幹部透露，自己的工作就是「斂財」，高層
在日本的業績可高達 10 億日元（約 2.1 億台幣），且和日
本政治有某種程度的聯繫。前牧師則指出，統一教高層向
日本教會訂正巨額「業績考核目標」，他聲稱根據「統一
教」教義，韓國是「父國」、日本是「母國」，日本背負
用財產照顧全世界的責任，因此日本信徒捐獻的款項，會
被送往韓國本部運用。此外，日本宗教詐騙防範律師協會
於 7 月 12 日召開記者會，律師說：「統一教要人捐款的方
式，是會引起當事人恐慌、不安的不法手段。」踢爆統一
教會的惡行惡狀。教會近 5 年吸金超過日幣 54 億圓（約 11
億元台幣），至今已受理多起相關案件。

韓國統一教

文鮮明生於 1920 年，本名文龍明，是韓國新興宗教
——統一教的創始人，他自述十五歲那年復活節前夕，在
徹夜禱告時看見異象並宣稱耶穌向他顯現，啟示他去完成
耶穌二千年前尚未成就的救贖工作，從此將名字「龍明」
改為「鮮明」。

統一教的基本教義，建基於文鮮明對《聖經》的詮釋，
文鮮明稱這些詮釋都來自神的啟示。統一教認為除去原罪
的方法為接受「聖婚祝福」。因此統一教最受矚目的活動

就是集體婚配，每次集體婚禮就有成千上萬對新人，在文鮮明夫婦面前成親，由文鮮明親自為信眾配對，很多新人都是本來互不相識，甚至來自不同的國家。

文鮮明認為耶穌未婚沒有後裔，只能在靈魂上救贖人，未能在肉身上帶來救贖，為完成耶穌未竟之業，就要靠他和太太當「真父母」，透過肉體結合，把已婚信眾和其家人聯繫到神，他早年曾有要求女信徒與他性交，換取潔淨得救的醜聞。文鮮明稱自己是神所差派來的使者，為解開人生和宇宙基本問題的癥結。教會最早的正式教義《原理講論》是於 1946 年寫成，該書是統一神學的核心。他於 1948 年被逐出長老教會，於 1954 年正式創立統一教。

1960 年，40 歲的文鮮明與 17 歲的韓鶴子結為夫婦，稱為聖婚，而在那之前，文鮮明曾有一段婚姻並有婚外情，育有兩子。文氏夫婦被統一教會的會員們稱為「真父母」，文氏生育的 14 名子女則被視為「真子女」。教會宗旨是建立在神之下，真實的理想家庭倡導真愛、不淫亂，為他人而活的利他主義。

1971 年，文鮮明為了宣傳「神」的旨意而移居美國，展開大規模的傳教活動，但在 1982 年因逃稅被判處 18 個月徒刑，罰款 2.5 萬美元，1984 年入獄服刑。2005 年文鮮明創立宇宙和平聯合會時已 85 歲高齡，但仍發起世界 120 城巡迴演講。文鮮明於 2012 年逝世，享耆壽 93 歲。

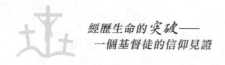
宗教詐騙術

　　文鮮明所創立的統一教和他本人皆有很多爭議，文鮮明自認為是新的彌賽亞（救世主），他雖然是來傳教（是他自創的一套），但是一直對政治和經濟介入很深，賺錢看來是更重要的目的。而在教義上，認為聖父、聖子、聖靈是三個獨立但在心靈上合一的存在，聖子與聖靈是靈的真父母立場，再臨的基督繼承聖子的位格（指他自己），需找到新婦繼承聖靈的位格（指他的妻子），成為靈肉兩面的真父母立場。聖子與聖靈具有完成的人性，完成的人性即意味著與神合一，能夠完全繼承神性，就是人也能成為神，這是統一教很重要的觀點。

　　統一教被視為邪教或異端，因為它的來源並非來自主耶穌基督。耶穌說：「富人難進天國，不要看重今生的財寶，積存在天上的財寶才重要。」而文鮮明的商業帝國為謀取錢財不擇手段！文鮮明聲稱他是繼承耶穌，但是看起來倒是比較像是繼承撒但，他使用的幾乎是撒但從古至今所使用的詭計：首先是懷疑神的話語，認為《聖經》的話語（非絕對性、非真理性、非完整性）只強調神祕和隱晦的知識，這是最容易唬弄人的部分，因為靈界的事，人難以辨視。他自創《神聖天書》來解釋《聖經》，他使用各種騙術來誘惑人，應許人可以「成為神與神同等」，所有思想行徑

完全是撒但的作為。這些都是完全不明白《聖經》內容的人，才會誤信而被欺騙，這是「宗教詐騙術」，抓住人的弱點，就能輕易洗腦，以至沒有能力分辨真假。許多被詐騙的受害人，當被告知他所相信的是一場騙局，往往先懷疑告知真相的人才是騙子。

2022 年 6 月 28 日神說：「人只相信，他所相信的，不論對錯！」人往往要等到鑄成大錯時，才會恍然大悟！自己是何其愚昧無知，不願相信真的，卻願相信假的。人要如何成為神？神造我們，將我們視為子女，但祂真正的兒子只有耶穌，只要把人高舉過耶穌或與耶穌同等，都必定是假的。誰也無法成為耶穌的繼承人，因為耶穌不缺繼承人，因為直到如今，耶穌藉著聖靈仍在這個世界作工，祂不曾撇下我們，不顧念我們，並為我們承擔了重擔，只要你放心交給祂。

耶穌一再地說，祂的國不屬這世界，凡屬世界的並不源自祂，「眼目的情慾，肉體的情慾，今生的驕傲。」很多欺謊人的「宗教騙子」，都擺脫不了上述的這幾樣。韓國新天地教會的李萬熙，也稱自己是耶穌繼承人，只有他有能力解釋《聖經》，並向信徒騙取了大量金錢。看來宗教詐騙說穿了，就只是換了商品的直銷商店，以傳教為名，行斂財之實。文鮮明（統一教）、李萬熙（新天地教會）這些創立者，都是為了一己之私，曲解《聖經》以達到個

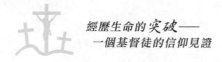

人野心，幾乎都富可敵國。

　　人為了錢財還真是沒有什麼做不出來的，這些都是活生生的詐騙案例，難怪主要我寫這篇「詐騙橫行的世代」，最後還因安倍晉三的刺殺事件，而補上了統一教這一筆，真是何等奇妙啊！

人心比萬物都詭詐

　　《聖經》上說：「人心比萬物都詭詐，壞到極處，誰能識透呢？」（耶利米書十七章9節）兩千多年前的先知這樣說，兩千多年後的今日，人們仍舊是這樣。我們在虛虛實實的社會中，謊言需要摻雜一些真話，才能更容易騙到人。詐騙集團使用的策略正是這樣，在我們個資幾乎全遭外洩的情況下，歹徒很容易就能利用這些基本個資來贏取初步的信任，而願意繼續和他們聊下去。歹徒精益求精在這些事上，花樣常常翻新，這是人詭詐的特質，有時候一時之間也不容易識破，這些壞到極處的人。

　　人擅長造假偽裝，實情難以窺見，存心的欺騙更是難以察覺，不易分辨。人確實是極其複雜的動物，心思意念左右著行動作為，什麼樣的人做什麼樣的事，在於他的心腸肺腑，是存善念還是惡念，而屬誰就會像誰。

承受行為的後果

「撒但要毀人受害，神要助人受益。」但是神的信徒，卻不如撒但信徒來的多，因為撒但為了討好人，會滿足人們各種想要的慾求。「**因為凡世界上的事，就像肉體的情慾，眼目的情慾，並今生的驕傲，都不是從父來的，乃是從世界來的。**」（約翰一書二章 16 節）撒但是這個世界的王，為了搶奪靈魂跟隨牠，牠會提供一切，不論好壞。現今世界過得越好，也更加的邪惡，人們想盡辦法賺錢，正是為了滿足肉體，滿足眼目，滿足驕傲。

「人要試著看淡一切、看淡輸贏、看淡得失，在神的眼光，看的和人不一樣，屬世界的成功並不是真成功！」因為「屬世的成功得到世界，屬神的成功得到神。」一個基督徒犯了罪，那罪的刑罰是與神隔絕，因為赦罪的緣故，罪可被挪去，關係可被恢復，但那個罪性的後果仍在，苦果依舊須嘗，這是神對人類和大自然的定律。刑罰可以免，但後果免不了，原諒並不能抹去罪行的後果，僅能免去處罰。

有些人誤以為既信了主、罪得赦免，他們以後愛做什麼就做什麼，反正不用付罪的代價，但是他們一定會付出代價，因為這條定律──「人種的是什麼，收的也是什麼。」如果你種的是各種罪性，必定收成敗壞的性格，就是放縱、

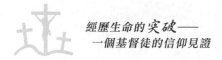
驕傲、私慾、貪婪、貪食、嫉妒、爭競……等，每一次種
下這些都必收成敗壞。這是世間上每一個人，不論是誰都
要承受的行為後果。依據《聖經》，貪婪（貪食）也是一
種罪，既是罪就必帶來刑罰，只要認罪，刑罰可被赦免，
但是貪食的後果，卻不會消失，很多疾病，都是貪食吃出
來的，這是必然要受的行為後果。

遠離撒但的網羅

　　要聽從神的話語，而不是人的話語，神是信實的，而
人充滿詭詐。忠言往往逆耳，人更愛順耳的言語，喜歡聽
好話，而不是聽真話，因此撒但總能找到很多的機會，趁
虛而入。現代人思考選擇的準則是，什麼對自己「好」，
而不是「對」，做好事卻未必是對的事，這是以結果來看。
　　2021 年 7 月 20 日神說：「人選好的，神選對的。」例
如：父母提供很多好吃的食物，孩子卻吃出健康問題！父
母供應孩子充足的食物原是好事，但若是因此造成孩子飲
食過量，而造成健康問題，就不是對的事了！如果好的事，
沒有帶來益處，而是帶來壞處，就不是對的事。神從結果
看開頭，人從開頭看不見結果，所以人當要聽從神的教導。
如果看起來是好的，卻不是對的事，就不該去做，人一定
要學會分辨「是、非、好、壞、對、錯」。

7月21日神又說：「好與對，要選擇對！對的道路是正確的，而好的道路，卻未必是正確的。」對的人生比好的人生更為重要！今生的好，比不上來生的好！在肉體上我們更喜歡撒但所提供的一切，肉體是指從本性、遺傳和環境來的一切，除了身體還包括情感、知性和道德層面，並涵蓋一切感覺、思想、行為、動機和態度，全都包含在肉體內，也就是天生所有的一切。

隨從聖靈而行

一個人的靈、魂、體能夠被掌控，有三個來源：自我（自己的靈）、撒但（邪靈）、神（聖靈），我們的心中只有一個位置，可以安置主導我們一切的靈，絕對不可能三個都有。在我們的肉體中，情慾和聖靈彼此拉扯對立，因此不論面對什麼事，也不論什麼樣的抉擇，都要捫心自問，是要隨從肉體情慾，或跟隨聖靈而行。如何分辨是由自我還是聖靈掌管，看結果即可知，因為「原則正確了，結果也就對了。」讓聖靈來引導我走每一步路，是指每一個包含是非對錯的道德抉擇，或是我與他人關係的選擇。靈命是一連串與主同行的步伐，隨從聖靈而行，因此所做的每一個道德抉擇皆由聖靈引導，直到進入榮耀裡與神同在。

撒但滿足人們的慾求，而神要人們節制慾望。2022年

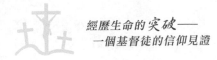

1 月 4 日神說：「遇到撒但最好的方法是遠離，一旦接觸就會掉入網羅裡。」這是神的提醒，我們應當謹慎小心，遠離撒但（謊言之父）。4 月 25 日神說：「明人不走暗路，暗路容易遇見網羅。」撒但是黑暗權勢，牠是說謊者，詐騙的始祖，而人因為金錢誘惑成為牠的爪牙，盡行不義之事，且在遍地橫行。假如我們讓聖靈來引導，自我和邪靈就沒有辦法引導我們；如果由自我或邪靈來引導，聖靈就不能引導我們。因為絕不可能同時走這兩條路，若是隨從聖靈而行，就不隨從肉體情慾。

今生是短暫的，來世才是永久的，為了今生的短暫快樂，換取來生的永久痛苦，是大大不值得的事啊！人在抉擇上產生痛苦，往往是因心靈和思考背道而馳，造成品格上表裡不一，不是朝向同樣的方向，而產生的掙扎。信實的神，最不喜悅說謊和欺騙，亞當、夏娃因說謊被逐出伊甸園，神不喜悅和這樣的人同在。而現今詐騙橫行的世代，當知神積蓄了多少憤怒，當人的行為到達神再也無法容忍的程度，神的懲罰必然隨之而來。神賜給人恩典，也必用神的杖管教人，「恩典是真的，管教也是真的。」公義的神絕不容許屬祂的子女，在這世界胡作非為，且無法無天。

粹煉正確的品格

《聖經》上說：「沒有異象，民就放肆。」（箴言二十九章 18 節）異象是指從神而來，特別的啟示和引導。《聖經》記載的許多異象是看見超自然的景象，或是有關未來的預言。「異象」並不是人自己心中的想像，或自己捏造出來的東西。而是由神啟示、感動，給予的一幅圖畫，或是一個意念，或是一個連續的動作（如動畫一樣），然後叫被啟示或感動的人（通常是先知），在領受後宣告出來。通常是給予未來的「方向」、「應許」，或是對事情現況的「解答」、「警告」、「勸戒」等。

神藉著先知宣告出許多異象，以便引導人走在正確道路上，因此若缺乏神的引導，人的心就逐漸放肆起來，目中無神，心中也不敬畏神，最終招致神的懲罰而被毀滅。缺乏神的引導，人們不但會迷失而且會闖禍，許多人以為不受神的掌管，恣意而為，能夠想做什麼、就做什麼，應當非常的自由，但是沒有想到失去神的保守，很快就會成為撒但的僕役，因為三度空間是受到四度空間所掌管的，不尋求神的蔭蔽，必定成為撒但的爪牙所轄制，在靈裡失去真正的自由。

神給人自由意志作出選擇，而撒但掌控人的身、心、靈，享受罪中之樂，卻是萬劫不復，從此難以脫離兇惡。

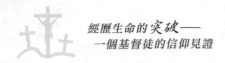

人無法靠自己拯救自己，能夠拯救的唯有神，神是超越一切的存在，超越時間空間的存在，人們必須作出選擇。撒但是現今有最多人崇拜的假神，為這世界帶來更多的混亂和失序，讓人心的敗壞失速崩壞。而真正的神，雖然知道世界的終局是滅亡，但仍然願意多救一些失喪的靈魂，能夠進到祂的國裡去。

　　神只允許像祂的子民進入神的國，那是一個完全純淨的樂土，「神絕對不會允許，不純淨的靈魂進入，敗壞祂的國。」2022 年 3 月 26 日神說：「讓壞人成為好人，好人成為對的人。」唯有對的人才能進入神的國，因為在神的國裡，一切都是對（正確）的，因而我們必須在這個世界粹煉正確的品格，才可能與神國有分。

第 10 篇

當滅亡來到家門前

一直走在主的道路上，並接受聖靈的引領，希望自己能進神的國、能見主的面。今生有主相伴，我並不畏懼死亡，也很坦然面對死亡。主何時允許我回天家，都欣然接受，因為我有永生的盼望，只要順利完成在這世上的任務。

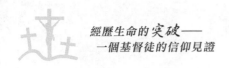

聰明反被聰明誤

　　2022 年 4 月 23 日神說：「神並沒有應允這世界無病無災！」之後 5 月 27 日神說：「現今的災難，既是天災也是人禍造成的。」這是我正要寫「當滅亡來到家門前」之前，神對我說的話，我相信這話不只是對我說，而是對所有人說的。神的話語，不管你信和不信、聽或不聽，都是精確無比的！我們不該漠視或輕忽神的話語，因為全知全能的神，仍掌管自然界和人類歷史，祂能在自然界和非自然界製造奇蹟，也能在人類歷史掀起行動，可以叫各種事發生。

　　一直以來，神透過先知傳遞神的訊息，告知「神做過什麼，正在做什麼，將來要做什麼。」先知都是很平凡的人，卻有不平凡的功能，能為神傳話，他們透過話語和圖像領受神的信息，這些信息在他們心中變得沉重、成為負擔，不得不一吐為快。先知領受的信息主要有兩種：「一種是在人做錯時，挑戰人悔改」，「一種是在人做對時，給人安慰」。如果我們覺得信息是負面的，那是人在犯錯時，神希望人認錯並悔改。

　　神的公義，表示祂必須懲罰；而神的憐憫，表示祂願意赦免，這是神一貫的作為。神的特質是永久不變的，而祂的作為完全視人們怎麼回應祂。在神的引導下，我搜尋了很多資料，為了證明我們真的做錯很多事。人以為自己

很聰明，也很倚靠自己的聰明，但聰明反被聰明誤，現今我們連立足的機會，也將要失去了。

親眼見證地球變遷

全球知名的自然科學家，同時也是歷史學家大衛·艾登堡，1926 年出生，年近百歲的他於 2020 年製作《活在我們的星球》記錄片，於 BBC 播出，記載他這一生對地球 100 年來變遷的親眼見證，備受世界矚目。他說：「我現年 96 歲，一輩子都在見證地球的變化，目睹地球從美麗的大地到今日的衰敗，看著海洋、荒原、雨林、冰川棲地的消失與破壞，如果人類一直按照目前的方式生活下去，我為未來 90 年景象的人們感到擔憂。」這是一位年近百歲人瑞的肺腑之言。

以下是他在記錄片中所擔憂的未來景象：從 2030 年代～ 2100 年代的預估變化，未來的災難會比迄今所發生的任何事件更具破壞性。科學家們皆表示，生物界正在走向毀滅一途。現今氣候變遷快速，全球氣溫升高，極端天氣和海平面上升，造成供水量減少（乾旱），可耕作面積將減少，各樣天災將造成傳染病、病蟲害肆虐，將引發饑荒和戰爭。

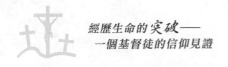

北極海無冰的夏天

科學家預估 2030 年代，北極冰將全部融化，造成北極海無冰的夏天，北極的冰川失去了為地球降溫的作用。溫室效應已造成北極融冰日漸擴大，不僅崩塌日益嚴重，而且速度正在加快。預測中的災難將不斷發生，且更具破壞性，洪水成災、森林大火、強勁颶風……等將成常態。

當北極冰凍土融化，將釋放出 1400 兆噸的二氧化碳，也會加速氣候變遷。數十年來，為了取得更多耕地，亞馬遜雨林進行大規模森林砍伐，以及非法焚燒雨林。2030 年代，亞馬遜雨林將減少至原始林的 75%，將減少製造水氣、吸收二氧化碳。森林無法產生足夠水份滋養雨林，亞馬遜雨林將逐漸退化為季節性旱林，而後變成大草原。這種衰退是自然進行的，造成越多樹木枯死，乾旱會迅速席捲整個亞馬遜流域，造成嚴重災害。

全世界有 1/10 的已知物種，棲息在亞馬遜流域，到時會有 3 千萬人口必須離開，而巴西、祕魯、玻利維亞和巴拉圭的糧食生產，將受到重大影響。森林大量消失，行光合作用的能力下降，每年吸收的碳含量減少。大自然環境受到嚴重的破壞，不僅食物鏈失衡、生態圈也失控，物種面臨大量滅絕。

大滅絕將勢不可擋

2020 ～ 2050 年這 30 年中，發生的森林野火和冰層融化，都會使大氣層中的碳排放量劇烈增加，海洋吸收過多碳導致酸化，生態嚴重被破壞，魚類數量大量減少，整個海洋足以引起災難性消退。可能在 2050 年代步入終結的開始。遠洋、捕撈漁業和近海養殖漁業，都將因為海水酸化，不再適合魚類生存，到時將會面臨無魚可吃的景況。

距今 100 年來，農業因為過度使用化學肥料、農藥來提高生產力，嚴重污染了環境及危害到人類的身體健康。長期大量使用化學藥物的結果，除了導致土壤酸化、鹽化及地力衰退，也破壞了水資源及生態環境。農業靠天吃飯，全球暖化會造成氣溫上升，各地發生洪水成災（水災）和久旱不雨（旱災）的現象，將不斷地在全球各地產生變化，農作物收成受到嚴重的影響。尤其是氣候溫暖、炎熱的地區，農作物欠收將造成更多貧窮地區的人們餓死。2080 年代，因人類過度使用地力耗竭，農耕失敗，全球將陷入糧食危機。

2080 年代，昆蟲物種的消失，將影響我們 3/4 的糧食作物。若無法仰賴昆蟲辛勤的授粉，堅果類、水果類、蔬菜類和油籽類的收成將大受影響，地球再也無法養活這樣多人。2100 年，可能會掀起全球大範圍人道危機，造成史

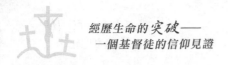
上最大人類被迫遷徙的事件。因為到了那時，海平面就會
上升到足以淹沒港口和防洪腹地的地步，迫使人們不得不
遷居內陸。

2100 年將有非常多的人口，可能被迫遠離家園，尋找
更好的生存條件，因為地球大多數地區，已經不適合人類
的生存。當地球溫度上升 4 度，大多數地區不適合居住，
一旦國際難民湧入，國家邊界失守，就會引發戰爭。2100
年代，有超過 1/4 的人口可能會住在平均溫度超過攝氏 29
度的地方，現今只有薩哈拉沙漠能達到這種日常高溫。全
球不僅人類，還有很多物種也承受不住這樣的高溫環境，
大滅絕將變得勢不可擋。

天坑持續增多

2014 年 7 月，俄羅斯西伯利亞發現了一個直徑 60 公尺
的天坑。接下來的 7 年內，更多個天坑陸續出現，天坑範
圍還持續擴大中。這些巨坑的成因，直到今日科學家終於
有了確切的解答：「全球暖化。」

俄羅斯西北部的亞馬爾半島，近年出現許多規模驚人
的巨坑，其中寬度可達 2000 公尺，深度可至 100 公尺，目
前已發現 17 個類似的巨坑。而世界各地也不斷發現天坑，
數量增加快速。天坑是由於溫室效應讓全球氣溫升高，導

致地底甲烷氣體發生爆炸所形成的，也就是北極凍土因全球暖化而溶解後，藏在地下的甲烷爆炸而引發的現象。

甲烷爆炸後燃燒產生黑色焦痕，之前引起多方揣測，由於這些天坑的周圍十分脆弱，科學家無法順利進入探勘，僅能仰賴攝影機拍攝天坑內部。一般在濕度夠低、壓力夠大的情況下，甲烷與水會形成「甲烷水合物」，但是當冰凍層逐漸溶解時，隨著溫度逐漸上升、壓力降低，許多甲烷慢慢分離而出，當累積到一定的量後，地表就會被轟然炸出一個巨坑，類似於香檳開瓶。「甲烷爆炸導致天坑形成」的可能，在經過兩年的地底探勘，發現高濃度甲烷後，終於在最近被證實。

美國國家環境保護局（EPA）表示，相較於二氧化碳，甲烷是更需要擔心的溫室氣體。因為它對暖化造成的影響，是二氧化碳的 25 倍，而甲烷吸熱的能力，超過二氧化碳的 21 倍，因此許多科學家將其稱為「定時炸彈」。天坑現象代表這些年來，北極圈暖化現象正以驚人速度加劇，全球暖化對北極的影響，遠超過地球其他地區，隨著暖化加劇，北極冰凍苔原生態樣貌，在未來也將出現劇烈變化。

這些天坑正是全球暖化逐漸失控的徵兆之一。提醒著我們，這些人類所製造出來的生態浩劫，正以史無前例的模式，改變著我們的生活。科學家擔心，凍土層中所包覆的上古微生物，會因此重現天日，造成更多疾病產生。

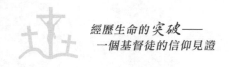
非法野生動物貿易

2019 年聯合國的一份報告顯示，野生動植物的非法貿易，使得全球 100 萬動、植物面臨滅絕的威脅。國際刑警組織指出，無論是規模還是利潤，野生動、植物非法貿易都堪稱世界上第三大非法貿易，僅次於毒品和軍火。大量野生動物被殺害、被販賣、被消費，大規範的非法野生動物貿易，不僅會造成生物多樣性的喪失，更會引發生態環境的失衡，食物鏈受到破壞。

另一個危害則是導致進口物種入侵，因為缺乏天敵，數量快速成長，造成原生動物生存空間受到嚴重威脅，甚至被取代而消失。近幾年台灣南部因為外來入侵者「綠鬣蜥」大量繁殖而傷透腦筋，還發起獵捕綠鬣蜥活動。這些綠鬣蜥進口到台灣，原本是要作為人類的寵物飼養，但是長大後身型龐大，遭到很多飼主棄養，因為沒有天敵，環境適應能力良好，因此大量繁殖，威脅到本土生態。

近日傳出警方破獲穿山甲鱗片的非法交易，穿山甲為瀕臨絕種的動物，因為中藥有以穿山甲鱗片入藥，價格昂貴，不肖商人認為有利可圖，於是大量捕殺穿山甲，就如犀牛角因藥用效果而遭到捕殺、瀕臨絕種一樣。事實上，犀牛角、穿山甲鱗片的藥用功能，是有很多藥物可以取代的，並不是非它不可的神奇妙藥，這其實都是因為價格昂

貴而被誇大醫療效果。

　　根據世界衛生組織的研究，近 10 年來，75% 的新發疾病都是來源於動物，而 61% 的人類疾病也同樣源於動物。近幾十年來，全球爆發的幾次大規模流行疫病，造成人畜共病，其病原體皆來自於野生動物，其中哺乳類和鳥類是目前所知，最容易成為病毒宿主，造成人傳人流行性病毒也日漸增多。非法走私動物最現實的危害，就是傳播病毒。因為每一隻野生動物都是天然的病原體儲備庫，攜帶大量未知的病原體。這些我們原本根本沒有機會接觸到的野生動物，因為野生動物非法貿易，特別是跨境貿易，無疑為動物攜帶的病原體傳播，提供了絕佳的環境與路徑，也大大增加了人類感染疾病的風險。

新冠肺炎大流行

　　2020 年 1 月，新冠肺炎（COVID-19）從中國武漢開始造成大流行，之後全球七大洲全數淪陷，在筆者撰稿之際，疫情仍尚未結束。不同的病毒變異株，造成一次又一次的大流行，往往一波未平一波又起，再也沒有專家敢預言，這場世紀瘟疫何時可以止息？只能預告另外一波何時到來！而目前除了打一劑又一劑的疫苗，沒有更好的方法，因為新病毒株每隔一段時間，就會又在某個地區出現，隨

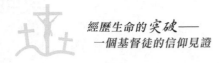

後便又引發一波大流行。

2020 年 1 月的新冠肺炎原始株（武漢肺炎病毒株）；

2020 年 12 月 Alpha（英國變異病毒株）；

2021 年 2 月 Delta（印度變異病毒株）；

2021 年 3 月 Beta（南非變異病毒株）；

2021 年 1 月 Gamma（巴西變異病毒株）；

2021 年 11 月，Omicron（南非變異病毒株），直到 2022 年 8 月，仍是主要傳播的病毒株，但是病毒變異從 BA.2 到 BA.4 到 BA.5，每一次的變異病毒株，都造成全球一波又一波的大流行，據說病毒不會消失，只會輕症化，但仍會造成死亡。

疫情肆虐的這兩年多以來，全球統計染疫人數已超過 7 億人，死亡人數超過 700 萬人，事實上還有更多的黑數是難以估算的。台灣在 2022 年 4 月引發一波嚴重疫情，快速累積染疫人口，造成醫療幾乎癱瘓。我在 4 月 22 日向神禱告，4 月 23 日神說：「神並沒有應允這世界無病無災！」

我在 2022 年 5 月也成了這場世紀瘟疫的一員，而我本身就是沒有通報的黑數，因我周邊有很多朋友也是沒有通報的黑數，由於染疫人數突然爆量，快篩就能知確診，而身體的諸多不適症狀也都在告訴我染疫了，因此除了進行自我隔離不與他人接觸，也只能服用普通感冒藥來緩解症狀。因為醫療已經癱瘓，除非患者病況嚴重，才能被醫院

收治，只是病程發展有時非常迅速，有許多人來不及送醫便病死家中。

新冠病毒（COVID-19）全球感染人數太多，族群越大，突變就越多，這是因為病毒突變是為了適應宿主（人體），能夠永久生存下去，因此對病毒有利的突變就會留下來。現今病毒越來越聰明，能夠輕易變異且有良好逃脫能力，一再破解人類的防線，仍能先馳得點。

疫苗施打目前仍是預防重症的有效方式，但疫苗保護力會隨著時間下降也是事實。病毒不斷變異，就需要不斷生產新型疫苗，未來會不會連打疫苗都無效，這也是全世界專家都在關心的事。每波疫情都造成很多人死亡，以前以封城作為防疫方式，現今則採取與病毒共存，因為影響經濟層面實在太大了。

癌症時鐘再度快轉

2022 年的最新統計，台灣癌症已經連續 40 年蟬聯十大死因之首，且癌症時鐘再度快轉，平均 4 分 20 秒就有一人罹患癌症，比前一年又快轉了 11 秒。醫生表示，罹癌人數每年不減反增，甚至死亡率有提高的趨勢，追究其原因主要是：人們對環境的破壞，包括空氣污染、水污染、農藥殘留……等，都讓我們生活周遭充滿致癌物質。而醫療進

步的速度，追不上環境被破壞的速度，才讓罹患癌症的人口一直降不下來。

另外，飲食文化的改變，多糖、多油、多鹽的食物，因為美味而使人胃口大開，身體卻排不出去而全部存了下來，導致肥胖成了現代人難以控制的問題。研究顯示，肥胖會令罹患癌症的機率增加 2 ～ 4 倍，還有不健康的生活型態，也是罹癌最大的風險因子。罹癌的機率雖然以中、老年人較高，但現今有年齡下降的趨勢，因為不健康的生活環境，必定會產生更多不健康的人。

癌症（惡性腫瘤）是指細胞不正常增生，且這些增生的細胞侵犯身體其他部分，是由於控制「細胞分裂增殖機制」失常而引起的疾病。癌細胞不受控制，大量生成壞細胞，癌細胞持續生長而不受外在訊息調控，使得原本正常的「原癌基因」被激活，將細胞引入到癌變狀態，但是主要還是因為一些與「控制細胞分裂」有關聯的蛋白質出現異常，如「腫瘤抑制基因」的功能失常。

要將一個正常細胞轉化成一個惡性腫瘤細胞，通常需要很多次突變，引起基因突變的物質被稱為「致癌物質」。這些造成基因損傷的方式，可分為「化學性致癌物」和「物理性致癌物」，而這些致癌物充斥著我們日常生活的環境中，還有一些與致癌基因有關的因子，會遺傳給下一代。如果癌症未經治療，通常最終結果將導致死亡，但即使經

過治療仍有許多人死亡。

　　目前已知在人類身上的癌症超過一百種，各個年齡層的人都有可能罹患癌症，隨著人越來越長壽，已開發和開發中國家的生活型態改變，有更多不良因子存在環境中。癌症在已開發國家及開發中國家，已成為主要死亡原因之一，全球罹患癌症人口，整體而言在上升中。

海洋廢棄物

　　人類害怕癌細胞，但是對於地球環境而言，人類對於地球環境的破壞能力，完全不亞於癌細胞侵犯人體的能力。海洋廢棄物（海洋垃圾）是人類活動中有意或無意產生，最終流向海洋的廢棄物，這些廢棄物除了部分沉入海底，大部分會漂浮於海面。在海洋水動力的作用下，一部分會向岸邊漂浮，成為海岸垃圾；另一些則會在大洋環流系統中產生積聚，形成大範圍的海洋垃圾帶。塑膠因其難以被生物降解的特性，是海洋廢棄物的重要組成部分，而塑膠容易被海洋生物誤食，已經為海洋生物的生存帶來嚴重威脅。除此之外，海洋廢棄物也使航行安全、海岸環境造成威脅，甚至危害人類的健康。

　　2020 年推估沉積在海底深處的塑膠垃圾至少約 800 萬噸，僅太平洋上的海洋垃圾就已達 300 多萬平方公里，甚

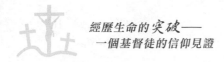

至超過了印度的國土面積。照這個速度持續下去，2025 年時，海底的塑膠垃圾總重量將超過魚類重量的總和，屆時海裡的垃圾真的會比魚多，海洋將淪為最大的垃圾收集場。如果不採取措施，海洋將無法負荷，而人類也將難以生存。現今每年都有無數生物，因為人類造成的污染，正逐漸走向被滅絕的命運，地球的生態環境遠比人們所知的糟糕很多，當大自然全面反撲之時，我們只能坐以待斃，屆時，便是人類滅絕之際。

製造無數太空垃圾

人類不僅僅在地球製造垃圾，也在太空製造無數垃圾，這些太空垃圾是指在地球軌道外繞行，但不具備任何用途的各種人造物體。這些物體小到固態火箭的燃燒殘渣、大到發射後被遺棄的多節火箭，還有人們所發射的人造衛星殘骸，它們不僅有撞擊其他太空飛行器的風險，某些太空垃圾在返回大氣層時，也會對地面安全造成威脅。人類是可怕的垃圾製造機，可用時是商品，無用時是垃圾。隨著太空探索的推進，太空垃圾的數量逐年遞增，所帶來的問題日益嚴重，因為它們相撞，可能會嚴重損壞尚在動作的太空飛行器，甚至威脅到太空人在艙外活動時的安全。

全世界各國一共執行了 4000 次以上的發射任務，產生

了大量的太空垃圾，目前有超過 4500 噸的太空垃圾殘留在軌道上。全球各國為了各種不同的用途，仍不斷發射人造衛星到太空中，因此太空垃圾只會日益增加，只丟不撿，當然會氾濫成災。有些學者就擔心，當太空垃圾的密度達到一定程度時，會造成太空垃圾佈滿地球軌道附近，造成人造衛星無法使用，而人類也無法再進入太空進行探索。若是如此，外星人應該會很開心吧！地球人顯然不是好鄰居，非常愛製造垃圾，又無能力收拾善後。

真有外星智慧生物

你相信真有外星人嗎？外星人（ET）又稱宇宙人或異星人，是人類對地球以外的「智慧生命」的統稱。外星人顯然也只是三度空間（物質界）的成員，因為他們有人們看得見的身體，和搭乘的交通工具（飛碟），很多人聲稱見過飛碟（UFO），以及各式各樣形狀各異的飛行器。還有很多人聲稱曾被外星人抓去做實驗，並在他們身上留下疤痕。

2021 年 11 月 14 日美國情報總監驚爆「UFO 恐真的來自外星球」，因為有太多現象無法解釋。美國國家情報單位公開承認「不明飛行物」，可能真的是「外星物體」。2021 年 11 月 15 日，美國五角大廈公開「不明空中現象」

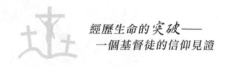
UAP 的初步報告，首次證實近幾十年來，發生數百宗無法解釋的空中現象，再度引起人們對不明飛行物體（UFO）的關注。美國國防部除了發布一份令人震驚的 UAP 特別報告，證實了美軍的確拍下無法解釋的神祕物體。據悉，美國當局正在建立一個常設辦公室，專門調查這些現象。

1947 年 7 月，美國新墨西哥州的羅斯威爾陸軍機場，發生不明物體墜毀事件。一個農場主人聽見比雷還大的爆炸巨響，還發現許多特殊的金屬碎片；一位土木工程師聲稱他發現一架飛碟（UFO）的殘骸，飛碟（UFO）裡面和外部地上，還散落著好幾具屍體。美軍得知消息後，馬上進駐發現殘骸的兩地，並封鎖現場。在當時，各家媒體爭相報導這則消息。然而 6 小時後，軍方改口稱「根本沒有飛碟（UFO）這回事。」但 1950 年的機密文件中，記下：「在新墨西哥州發現了 3 架金屬質地的飛碟（UFO），每架飛碟（UFO）內均有 3 具人形屍體，穿著質地非常精緻的金屬緊身衣。」這次五角大廈公布的機密文件中，有數百件與飛碟（UFO）相關的詳細報告，非常具有參考價值。

造成威脅的機器人

物理學家及未來科學家加來道雄認為，飛碟（UFO）與外星人是真的，有些目擊事件很容易分辨，並非全是無

稽之談。他說：「我不怕外星人，倒是怕機器人！」他認為外星人大致上是和平的，不像機器人對人類威脅那麼大，而且人類文明對外星人而言，實在微不足道，他們即使來訪，也只是短暫停留。加來道雄說：「本世紀末，機器人的智力將大躍進，甚至可以取代人類，那就危險了！」未來機器人勢必取代許多藍領的工作，也可能取代許多白領的工作。

隨著 AI 時代來臨，許多企業已開始採用機器人，工廠已經使用機器手臂多年，而現今開始使用機器人，加入送外賣的服務；有咖啡廳使用機器人，端咖啡給客人喝；有機器人能開冰箱，按照指示拿某種品牌啤酒給客人；還有機器人，能按照準確食材比例做菜給人吃；也有機器人會自行搭乘電梯，到各樓層提供服務。

根據英國一家智庫預測，未來 20 年內，英國三分之一的工作，將被聰明有行動能力的機器人所取代；15 個已開發國家在 2030 年以前，將流失了數百萬個工作機會；而東南亞國家的工人，大約有 1 億 3 千 5 百萬人，未來將面臨就業危機；直到 2030 年，全球有 8 億人的工作會被自動化的機器人取代。未來機器人將擴散到醫療與個人服務業，少子化加上人口老化，未來家中有機器人提供家務協助，醫院裡有機器人醫生進行手術，都是很可能的事。「到底科技是為人而設，還是人為科技而設？」人創造了科技，

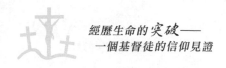

而科技智能進一步自我發展，將帶來潛在性的可怕災難！

科技的效率本來就優於人類，帶給人更多便利和舒適。當人們見不到科技的負面，一旦機器人比人聰明，會發生什麼事？沒有人知道，人是不是在自掘墳墓？機器人在未來的戰爭，也將扮演重要的角色，將會大大改變戰爭型態，商業利益與軍事競爭，將會加速機器人的發展，使得機器人越來越像人，也越來越能幹。

未來的機器人能自我學習，修正錯誤甚至建構自我意識，當機器人不聽人的使喚，且與人為敵，將如何是好？2045年機器人腦袋的運算能力將超越人類，宇宙學家霍金曾提出警告，持續發展人工智慧，人類將走向末日。一旦AI與機器人取代了人類大部分的工作，那會是什麼樣的時代？人沒有了工作，誰來付生活所需？誰來消費？由政府發消費券給大批丟掉飯碗的人嗎？一旦沒有工作，即淪為不被需要的人，失去尊嚴，也失去作為人的價值。當人們無事可做，人活著到底還有什麼價值與意義？

俄烏戰爭爆發

2022年2月24日，俄羅斯總統普丁以「非軍事化、去納粹化」的理由，指揮俄軍入侵烏克蘭領土，衝突一觸即發，當日就提升成為全面戰爭，並迅速發展為第二次世界

大戰以來，歐洲最大規模的軍事衝突。2022 年 6 月 9 日，普丁坦承是為了如同俄國沙皇彼得大帝一般，擴張領土而發動戰爭。俄羅斯原本以為可以速戰速決，輕易取下烏克蘭，但因烏克蘭受到美國及北約成員國大量的武器援助，戰爭至今仍然持續進行。

俄羅斯沒有得到想要的，絕不罷手，因此戰爭會持續到何時，誰會贏得這場戰爭，目前尚無法預料。身為被侵略的烏克蘭，在戰爭開始之後便有 430 萬難民離開烏克蘭，另有 710 萬人在烏克蘭境內流離失所。俄烏戰爭已經造成兩方人員無法計數的傷亡，烏克蘭建築物被炮彈無情的摧毀而滿目瘡痍，到處斷垣殘壁，暴屍街頭不計其數，人民生靈塗炭，處於極端艱苦的困境中。俄烏戰爭開打至今，全球人民無不希望早日結束戰事，但目前看來是遙遙無期。

烏克蘭是世界的糧倉，因為這場戰爭，已經造成全球糧食供應出現問題，造成全球物價日益高漲。戰爭不止影響俄烏兩國，像奈及利亞這樣的貧窮國家，長期倚賴外界援助，因久旱不雨，農作物年年欠收，目前已經造成很多人因為缺乏糧食而大量死亡，窮人總是金字塔底層最大的受害者。俄烏戰爭爆發之後，烏克蘭、芬蘭、瑞典紛紛申請加入北約組織，大家都痛恨俄羅斯這個惡鄰居。

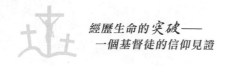

核爆塵埃帶來核冬天

目前全世界很多大國都擁有核子武器，美國和俄羅斯擁有的數量最多。這回俄烏戰爭，全球都在擔心引發核子戰爭，以各國擁有的核子武器數量，足可殺死全地球人類好幾次。核子的輻射衝擊波會產生放射性，造成殺傷力和破壞作用以及大面積的污染，足以使整個人類世界被毀滅。核爆後的塵埃帶來「核冬天」，爆炸和燃燒把塵埃拋向天空，一旦飄到很高的高空，會懸浮在高達幾十公里的位置遮擋陽光，這會讓地球氣溫變低。極端條件下，「核冬天」會讓各地氣溫普遍下降攝氏 40 度左右，氣溫驟降會導致莊稼大量死亡，許多動、植物死亡，生態圈遭受重創，倖存下來的則要面臨大飢荒。

糧食和能源供應出問題

俄羅斯是全球石油、天然氣主要供應國。戰爭開打後，歐洲很多國家拒買俄羅斯石油和天然氣，造成能源價格波動甚大。俄羅斯依靠擁有豐富的天然資源，出口大量石油、天然氣……等，取得豐厚本錢來打這一場戰爭。而烏克蘭有美國、歐洲……等富裕國家，提供武器援助支持這場戰爭，使得戰爭可以持續進行。因為糧食、能源供應問題，

已經造成全球進入高通膨時代，而且可能要持續很久的時間。

全球經濟面臨衰退

　　金融危機又稱金融風暴，是指一個國家或幾個國家與地區的全部或大部分指標，如：「短期利率、貨幣資產、證券、房地產、土地價格」，造成「商業破產數」和「金融機構倒閉數」的急劇增加，短暫或超周期的惡化，造成金融體系面臨崩潰的景況，當然還有許多因素會改變經濟前景和金融資產價值。2021 年美國聯邦一份報告發出警告：「氣候變遷如風暴、洪水、野火、疫情……等因素，會對美國金融體系的穩定性及其維持經濟能力，構成重大風險。」2021 年國際貨幣基金（IMF）警告：「氣候危機使金融體系崩潰，氣候危機絕對會引發金融危機，並表示在很多國家，天災為金融體系帶來災難。」

　　2022 年的氣候變遷、新冠疫情、俄烏戰爭，造成國際金融恐慌、股市暴跌和貨幣危機，以及因原物料短缺，造成嚴重的通膨壓力。2020 ～ 2022 年新冠疫情在全球肆虐，造成人們巨大的生命損失，對於全球公衛體系、糧食供給和工作就業，都帶來了空前的挑戰，也對於世界經濟結構和社會發展，造成了毀滅性的破壞。目前初估全球有 7 億

人面臨食物不足的危機，這幾年受新冠疫情的影響，全球有數百萬家企業正面臨破產的威脅，這讓全球 33 億的勞動人口，面臨失業或收入減少。

2022 年才遭受新冠疫情重創的全球經濟尚未完全復甦，俄烏戰爭爆發又雪上加霜。世界銀行發布報告，警告各國恐將長期面臨經濟成長疲弱，通貨膨脹惡化（物價高漲）的局面，「停滯性通貨膨脹」的狀況，不論是高收入國家、中收入國家、低收入國家都難以倖免。如果通膨持續居高不下，許多國家將面臨金融風暴，有可能導致急劇的全球經濟衰退。2022 年 4 月 19 日國際貨幣基金（IMF）發布世界經濟展望，大幅下修 2022 年全球經濟成長預測值。

2022 年俄烏戰爭拖累歐元區的經濟成長，目前這場衝突正對能源價格和製造業造成嚴重傷害。IMF 官員表示：「就像地震波一樣，戰爭與制裁的效應，會擴散到商品市場，貿易與金融連結。」俄羅斯是石油、天然氣、金屬的重要出口國，而烏克蘭的小麥和玉米行銷全球。這些商品在國際市場的供給減少，讓價格大幅上揚，受到能源與大宗物資漲價的雙重打擊，各國的通貨膨脹勢必進一步惡化。

地球環境宛如癌末病人

當主給我「當滅亡來到家門前」這個主題時，心中覺得講「滅亡」好像太聳動了，這個世界真有這麼糟糕嗎？

其實我沒有一點頭緒，並不知道要寫些什麼？就從平日的所見所聞來取材，整理資料的過程中，發現地球環境宛如癌末病人，癌細胞已到處漫延擴散。

幾百年來，我們相信科學、了不起的科學所為我們帶來的一切，但是看看今日，日益昌盛的科學，發展迅速的科技，究竟為人類帶來什麼？原來是無數的災難和毀滅！原來神要我藉著本文，喚醒大家：「難道你們不覺得，滅亡真是要到家門前了嗎？」神造地球之初，一切都是美好，但是今日的地球，一切都遭透了。

以我們治療癌症的方法，就是盡力清除癌細胞，那麼就把地球上的垃圾都清除吧！那就是使地球病入膏肓的主因。但是人類何時能做到呢？每個政府都忙著在鞏固政權，誰有空理睬垃圾這樣的小事；商人則忙著製造販售更多，讓人們在生活中，更便利、更舒適、更愉悅的商品。而每個人忙著賺更多錢，購買想要的一切。資本主義經濟就是要刺激消費才能活絡啊！處理垃圾那樣的小事，就留給更聰明的人來處理，反正眼不見為淨，垃圾只要不堆在自己家裡就好，誰管它去了哪裡？

斷送未來的生機

全球目前有 80 億人口，每日製造不計其數的垃圾，有

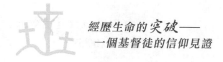
些人口專家擔心，未來不久就要破百億了！但也有人口專家預估世界人口將大量減少，因為溫室效應而衍生的天災，使氣候異常成常態，影響糧食作物的收成，加上也快成常態的疫情，以及人為造成的戰爭……等因素，都將使人口減少。全球已有很多國家面臨少子化的問題，新世代的年輕人不婚不育，造成生不如死（出生少於死亡）的景況；貧窮地區因糧食短缺，很多孩子來不及長大就餓死了；而較為富裕的地區，很多適婚年齡者考量更多，畢竟生養孩子要花費的心力與財力不少，再加上未來環境日益惡化，也逐漸降低生育子女的意願。孩子恐將成為稀有動物、瀕危物種，而人類未來的生機，有可能就是斷送在人類自己的手中。

人類恐怕沒有一百年

在寫作的過程中，心情一直是十分沉重的，雖然在《聖經》中早已知道人類的終局是走向滅亡。但在 2000 年前的耶穌，並沒有明確說明是哪個時候，只說：「**你們聽見打仗和打仗的風聲，不要驚慌，這些事是必須有的，只是末期還沒有到。民要攻打民、國要攻打國，多處必有地震、饑荒，這些都是災難的起頭。**」（馬可福音十三章 7-8 節）

《啟示錄》中倒是記錄了不少末日景象，並形容災難

會如產婦生產前的陣痛一樣，越來越密集。而今日正如末世景象，災難來到且越來越密集。如果正如自然學家大衛‧艾登堡所言，人類恐怕沒有另外的一百年，人類又該何去何從？未來科學家加來道雄所預估的未來世界，事實上也正在發生，大概不出百年，人類就可能迎向滅亡。

2022 年 5 月 27 日神說：「現今的災難，既是天災也是人禍造成的。」百年對人類而言是何其短暫的時間啊！人類的倒行逆施，終將遭受大自然的反撲，恣意排放的溫室氣體，導致日益嚴重的溫室效應，各國何時真能達到減排承諾，存在極大變數。

在俄烏戰爭之後，全球各國拒買俄羅斯天然氣，造成很多國家回頭使用燃煤來發電，加速溫室效應。即使有地球高峰會（又稱聯合國環境與發展會議，於 1992 年在里約熱內盧舉行，有 155 個國家簽署了《聯合國氣候變化框架公約》）朝著全球奮鬥減碳的目標前進。但是人類為了求生存，過熱、過冷都會使人喪命，許多國家政府只好睜一隻眼、閉一隻眼，仍大量使用燃煤來取得電力，因為人類無法一日無電啊！那會造成一切都停擺，民怨沸騰是政府無力承受的，因此火力全開，先度過這段日子再說，即使是以地球壽命作為代價。

計劃永遠趕不上變化，俄烏戰爭爆發前，雖然也有一些零星戰爭，但是沒有人料到，普丁真的揮軍入侵烏克蘭，而且打得沒完沒了，不知戰爭何時才會終止。

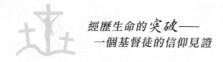
國家破產的骨牌效應

2022 年 7 月 5 日，斯里蘭卡經濟崩潰，總理宣佈國家破產。過去幾個月來，斯里蘭卡國內電力、交通嚴重癱瘓，因為無油可加；爆發嚴重的通膨，外匯存款幾乎見底，陷入 70 年來最嚴重的金融危機，缺油、缺糧、缺藥品，2200 萬人陷入生存困境引發人道危機。主要是受到疫情影響，加上俄烏戰爭讓糧食暴漲，終於成為壓垮經濟的最後一根稻草。現今更讓人擔心的是骨牌效應，許多經濟出現問題的國家，紛紛宣告破產，那將又是一場災難。

而人類總是後知後覺，甚至不知不覺，總是在災難發生時，才開始想辦法亡羊捕牢，卻總是為時已晚。國際間沒有永遠的敵人，也沒有永遠的朋友，為了個人利益關係，時而敵人、時而朋友，甚至是人前握握手、背後下毒手的也不少見，人性不僅詭詐，而且壞到極處，利益在哪裡，心也在那裡。不但「損人利己」的事要做，「損人不利己」也照做，而且沒有一絲罪惡感。美其名是為了求生存而不得不為，實則是為了個人利益而不擇手段。人們身處末世，每日仍然為了「抓取」更多的金錢而不擇手段，但是當金錢無用之時，將要捶胸頓足，十分扼腕了。

天災人禍頻繁的今日

2022 年 6 月 22 日神說：「掌握資源的人，就想掌控資源。」人一旦抓到他想要的資源（利益），就不會輕易放手，因為人要成功必須藉助這些，這是汲汲營營費盡心思，好不容易才得來的，豈能輕易放棄？只是當災難來臨時，擁有再多財寶也不能當飯吃，而能吃的糧食正在日漸缺乏，飢荒成了噩夢之時，又該如何因應？

溫室效應造成的氣候改變，是造成農作物生產出現問題的主因，饑荒在很多國家正日益惡化，日後威脅的會是全球人類。每個人都有離開這個世界的方式，不是這樣、就是那樣，在天災人禍頻繁的今日，地球環境快速不良（不再適合生存），有很多方式可以快速奪去人的性命。在這樣的世代，如果尚來得及，我們難道不需要為來生作準備？

東方人普遍相信會有來生（輪迴觀念），但是當來生比今生更苦又更難，會有更多的天災人禍，你還想要再來嗎？我不知道自己在尚未認識耶穌基督之前，是否有前世？但在今生我已認識主耶穌，並且知道如何可以獲得永生的機會，我當然緊緊抓住、直到生命的終點。

一直走在主的道路上，並接受聖靈的引領，希望自己能進神的國、能見主的面。今生有主相伴，我並不畏懼死亡，也很坦然面對死亡。主何時允許我回天家，都欣然接受，因為我有永生的盼望，只要順利完成在這世上的任務。

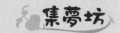

經歷生命的突破
一個基督徒的信仰見證

出版者●集夢坊

作者●劉千瑤

印行者●全球華文聯合出版平台

總顧問●王寶玲

出版總監●歐綾纖

副總編輯●陳雅貞

責任編輯●蔡秋萍

封面繪者●陳均宜（阿均）

美術設計●陳君鳳

內文排版●陳君鳳

國家圖書館出版品預行編目（CIP）資料

經歷生命的突破：一個基督徒的信仰見證／劉千瑤 著

-- 新北市：集夢坊出版，采舍國際有限公司發行

2022.12　　　面；　　　公分

ISBN 978-626-95375-7-0（平裝）

1.基督教　　2.見證　　3.信仰

244.95　　　　　　　　　　111019401

商標聲明
本書部分圖片來自Freepik網站，其餘書中提及之產品、商標名稱、網站畫面與圖片，其權利均屬該公司或作者所有，本書僅做介紹參考用，絕無侵權之意，特此聲明。

台灣出版中心●新北市中和區中山路2段366巷10號10樓

電話●(02)2248-7896　　　　　傳真●(02)2248-7758

ISBN●978-626-95375-7-0　　出版日期●2022年12月初版

郵撥帳號●50017206采舍國際有限公司（郵撥購買，請另付一成郵資）

全球華文國際市場總代理●采舍國際 www.silkbook.com

地址●新北市中和區中山路2段366巷10號3樓

電話●(02)8245-8786　　　　　傳真●(02)8245-8718

全系列書系永久陳列展示中心

新絲路書店●新北市中和區中山路2段366巷10號10樓　　　電話●(02)8245-9896

新絲路網路書店●www.silkbook.com　　　　華文網網路書店●www.book4u.com.tw

跨視界‧雲閱讀 新絲路電子書城 全文免費下載 silkbook○com
新‧絲‧路‧網‧路‧書‧店